Sahil Gupta

Abordagem de esteganografia baseada em varrimento aleatório e Mlsb para segurança de dados

Sahil Gupta

Abordagem de esteganografia baseada em varrimento aleatório e Mlsb para segurança de dados

ScienciaScripts

Imprint
Any brand names and product names mentioned in this book are subject to trademark, brand or patent protection and are trademarks or registered trademarks of their respective holders. The use of brand names, product names, common names, trade names, product descriptions etc. even without a particular marking in this work is in no way to be construed to mean that such names may be regarded as unrestricted in respect of trademark and brand protection legislation and could thus be used by anyone.

Cover image: www.ingimage.com

This book is a translation from the original published under ISBN 978-620-2-19790-8.

Publisher:
Sciencia Scripts
is a trademark of
Dodo Books Indian Ocean Ltd. and OmniScriptum S.R.L publishing group

120 High Road, East Finchley, London, N2 9ED, United Kingdom
Str. Armeneasca 28/1, office 1, Chisinau MD-2012, Republic of Moldova, Europe
Printed at: see last page
ISBN: 978-620-8-04771-9

ÍNDICE DE CONTEÚDOS

Capítulo 1 INTRODUÇÃO

1.1 VISÃO GERAL

No mundo atual, a comunicação é a necessidade básica de todas as áreas em crescimento. Toda a gente quer o segredo e a segurança dos seus dados de comunicação. Na nossa vida quotidiana, utilizamos muitas vias seguras, como a Internet ou o telefone, para transferir e partilhar informações, mas estas não são seguras a um determinado nível. Para partilhar a informação de forma oculta, podem ser utilizadas várias técnicas como a esteganografia, a criptografia e a marcação a água. Estas técnicas são utilizadas desde há muito tempo para uma comunicação segura. Alguns exemplos históricos são apresentados a seguir:

A primeira vez que esta técnica foi utilizada na Grécia foi por volta de 440 a.C., quando o rei Dario de Susa rapou a cabeça do seu escravo e depois escreveu uma mensagem na sua cabeça. Esperaram até que o cabelo voltasse. Depois, o escravo foi enviado para outro local, onde lhe raparam novamente a cabeça para ler a mensagem secreta. O segundo acontecimento também teve lugar na Grécia, quando Heródoto conta que o soldado Demerato precisava de enviar uma mensagem a Esparta. Por isso, utilizou a técnica de esconder as mensagens numa tábua de cera. Escreveu mensagens em madeira e cobriu-a com cera que continha uma mensagem inocente. Outra técnica muito utilizada na Grécia antiga consistia em esconder uma mensagem no corpo do mensageiro. A mensagem continha, alegadamente, um aviso à Grécia sobre os planos de invasão persa. Durante a Segunda Guerra Mundial, os franceses utilizaram tinta invisível para esconder a existência de comunicações. As mensagens ocultas eram escritas com tintas secretas por baixo de outras mensagens, em papéis em branco ou nas partes em branco de outras mensagens. Esta tinta invisível era feita com sumos de fruta e vinagre. Depois, estas mensagens eram lidas molhando primeiro o papel. Depois de aquecida, a tinta invisível escurecia e a mensagem tornava-se claramente legível. Em 1968, os membros da tripulação do navio dos serviços secretos USS Pueblo, detidos como prisioneiros pela Coreia do Norte, comunicaram em linguagem gestual durante fotografias encenadas, informando os Estados Unidos de que não eram desertores, mas sim prisioneiros dos norte-coreanos. Noutras fotografias apresentadas aos EUA, os membros da tripulação faziam "o dedo" aos norte-coreanos desprevenidos, numa tentativa de desacreditar as fotografias que os mostravam sorridentes e confortáveis.

1.2 MÉTODOS DE OCULTAÇÃO DE DADOS

Como já foi referido, existem vários métodos de ocultação de dados, como a esteganografia, a criptografia e a marca de água. A figura 1.1 mostra vários métodos de ocultação de dados.

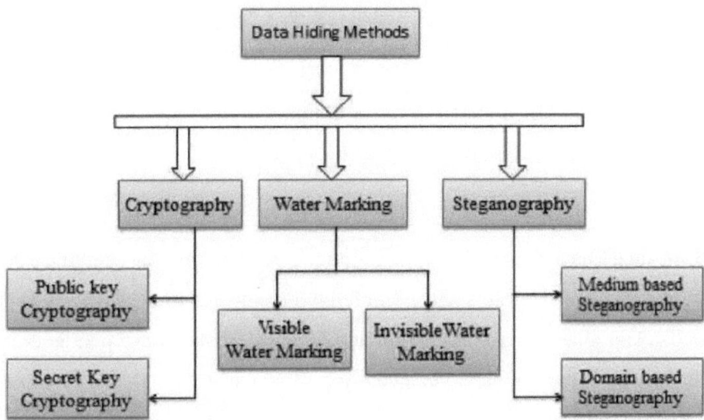

Figura 1.1 Métodos de ocultação de dados

Segue-se uma breve discussão sobre estes métodos:

1.2.1 CRYPTOGRAFIA

É a ciência de escrever dados em código secreto. O termo criptografia deriva das palavras gregas kryptós, que significa "escondido ou secreto", e graphein, que significa "escrever". A criptografia não só protege os dados contra roubo ou alteração, como também pode ser utilizada para autenticação do utilizador. Os tipos de algoritmos utilizados na criptografia são os seguintes

a) Criptografia de chave secreta

Na criptografia de chave secreta, é utilizada uma chave para encriptar o texto. Em seguida, este texto cifrado é transmitido. Como mostra a figura 1.2, o remetente utiliza a chave para cifrar o texto simples e

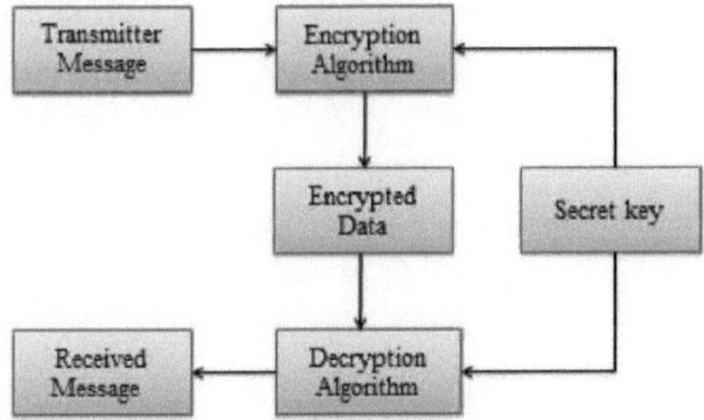

Figura 1.2 Criptografia de chave secreta

envia este texto cifrado para o recetor. No lado do recetor, a mesma chave é utilizada para desencriptar a mensagem e recuperar o texto simples. O processo de recuperação do texto simples é designado por criptanálise. Uma vez que é utilizada uma única chave para ambas as funções, a criptografia de chave secreta é também designada por encriptação simétrica.

Com esta forma de criptografia, é óbvio que a chave deve ser conhecida tanto pelo emissor como pelo recetor. A maior dificuldade com esta abordagem é a distribuição da chave.

b) Criptografia de chave pública

É um sistema de criptografia de duas chaves no qual duas partes podem estabelecer uma comunicação segura através de um canal de comunicações não seguro sem terem de partilhar uma chave secreta. A chave pública é disponibilizada a toda a gente. Por outro lado, a chave privada deve permanecer confidencial para o seu respetivo proprietário. Uma vez que o par de chaves está matematicamente relacionado, o que for encriptado com uma chave pública só pode ser desencriptado pela chave privada correspondente e vice-versa.

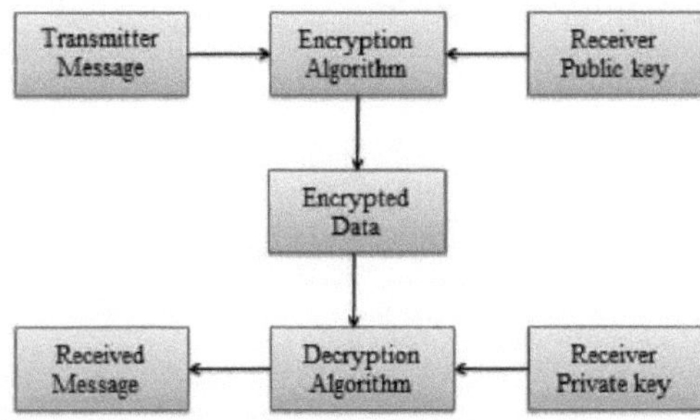

Figura 1.3 Criptografia de chave pública

Por exemplo, se A quiser enviar dados sensíveis a B e quiser ter a certeza de que só B os poderá ler, encriptará os dados com a chave pública de B. Só B tem acesso à sua chave privada correspondente e, por conseguinte, é o único B com capacidade para decifrar os dados cifrados de volta à sua forma original. Mesmo que outra pessoa tenha acesso aos dados cifrados, estes permanecerão confidenciais, uma vez que não terá acesso à chave privada de B.

1.2.2 MARCAÇÃO DE ÁGUA

A marca de água é utilizada para verificar a identidade e a autenticidade do proprietário de uma imagem digital. Trata-se de um processo em que a informação que verifica o proprietário é incorporada na imagem ou sinal digital. Estes sinais podem ser áudios, vídeos ou imagens. Por exemplo, os artistas famosos colocam marcas de água nas suas fotografias e imagens. Se alguém tentar copiar a imagem, a marca de água é copiada juntamente com a imagem.

A figura 1.4 mostra um sistema de incorporação de marcas de água com marca de água, dados de cobertura e chave pública ou secreta opcional como entrada para o sistema de incorporação. O resultado deste sistema são os dados de saída da marca de água. A chave é utilizada para aumentar a segurança.

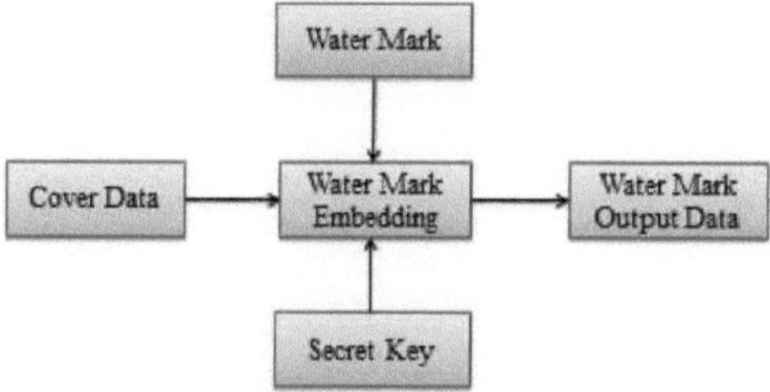

Figure 1.4 Sistema de incorporação de marcas de água

A figura 1.5 mostra o sistema básico de recuperação de marcas de água, com os dados de saída da marca de água, os dados originais e a chave secreta como entrada para o sistema de deteção. A saída deste sistema é a marca de água.

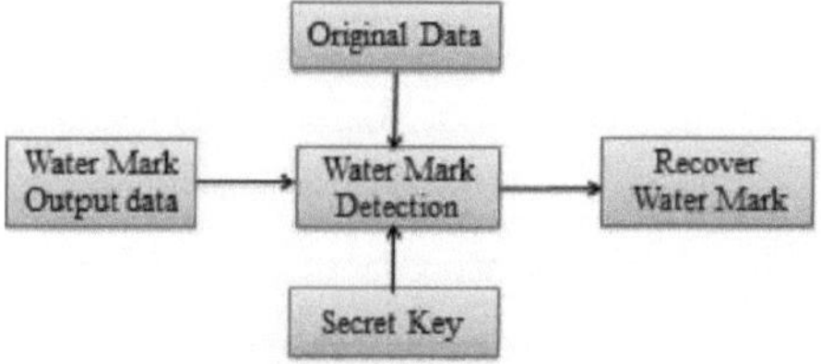

Figure 1.5 Sistema de recuperação de marcas de água

Os vários tipos de marca de água são brevemente abordados a seguir:

a) Marca de água visível

A marca de água visível refere-se à informação visível na imagem, vídeo ou fotografia. As marcas de água visíveis são normalmente logótipos ou texto. Por exemplo, numa emissão de TV, o logótipo da emissora é visível no lado direito do ecrã.

b) Marca de água invisível

A marca de água invisível consiste em acrescentar informações num vídeo, imagem ou áudio sob a forma de dados digitais. Não é visível, mas pode ser detectada por diferentes meios. É utilizada para proteção dos direitos de autor.

1.2.3 ESTEGANOGRAFIA

Trata-se de uma arte de comunicação invisível através da ocultação de informação noutros meios. O termo esteganografia deriva das palavras gregas "stegos" que significa "cobertura" e "grafia" que significa "escrita" e significa literalmente "escrita de cobertura". O objetivo da esteganografia é esconder a existência de uma comunicação de terceiros. A figura 1.4 representa o diagrama de blocos.

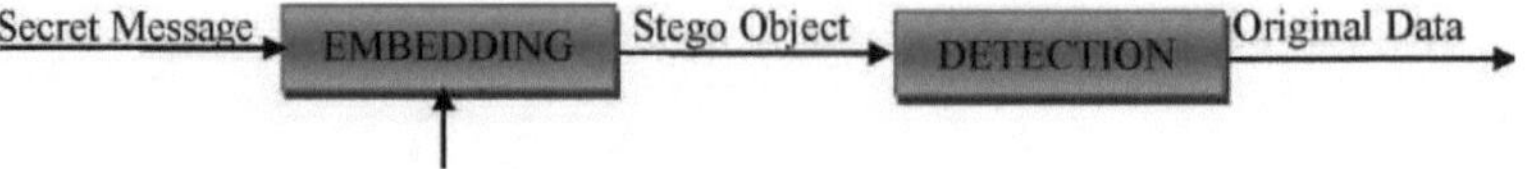

Objeto de cobertura

Figura 1.6 Diagrama de blocos da esteganografia [9]

Estes elementos são brevemente analisados em seguida:

> **Objeto de cobertura**

O objeto de cobertura é o objeto no qual a mensagem secreta está escondida. Os objectos de cobertura são qualquer coisa como imagens, áudio, vídeos e texto. Os objectos de cobertura mais utilizados para ocultar informações são as imagens e os vídeos.

A imagem é um conjunto ou matriz de pixéis quadrados dispostos em linhas e colunas. Pode ser uma imagem de animais, uma imagem de um carro, etc. A imagem pode ter um formato de cor binário, cinzento ou RGB. Numa imagem binária, cada pixel é branco ou preto. Assim, só há dois valores possíveis para cada pixel: 1 representa a cor branca e 0 representa a cor preta. A imagem em escala de cinzentos é um dos formatos de imagem mais famosos. Tem 256 tonalidades de cores diferentes. A gama de cores em 8 bits varia entre 0 e 255, em que 0 representa a cor preta, 255 representa a cor branca e 127 representa a cor cinzenta. A imagem RGB é designada por imagem a cores de 24 bits. Na imagem RGB, os 24 bits estão igualmente distribuídos por três formatos de cor diferentes: vermelho, verde e azul.

Figura 1.7 Imagem binária, cinzenta e RGB

As técnicas iniciais de esteganografia foram inicialmente aplicadas a imagens; no entanto, os fluxos de vídeo têm atraído muita atenção recentemente, uma vez que podem garantir um grande aumento da capacidade de dados ocultos/secretos. Os dados ocultos podem ser incorporados na parte da imagem ou na parte do áudio dos fluxos de vídeo.

O vídeo consiste num conjunto de fotogramas (imagens) que são reproduzidos a determinadas velocidades de fotogramas com base nas normas de vídeo. A qualidade do vídeo digital depende de um conjunto de parâmetros, como o número de pixéis num fotograma, o FPS (fotogramas por segundo) e o tamanho do fotograma. O parâmetro FPS é quase normal (entre 24 e 30 FPS) em muitos formatos de vídeo comuns. Os pixéis do fotograma têm geralmente três ou quatro compostos de cores, como RGB (vermelho, verde e azul) ou CMYK (ciano, magenta, amarelo e preto). O resto das cores intercessoras são compostas por uma mistura destas cores primárias [28].

> **A mensagem secreta**

A mensagem secreta é a mensagem que queremos esconder no objeto de cobertura. A mensagem secreta é constituída por imagens, mensagens de texto e áudio, etc.

> **Incorporação**

A mensagem secreta é incorporada no objeto de cobertura utilizando um algoritmo de incorporação como a técnica do bit menos significativo, LSB modificado, varrimento aleatório e varrimento raster.

> **O objeto Stego**

O objeto Stego é gerado após a ocultação da mensagem secreta no objeto de cobertura. Em seguida, o objeto Stego é transmitido.

> **Deteção**

No lado do recetor, o processo de esteganálise é aplicado ao objeto stego para detetar os dados originais.

> **Esteganálise**

A esteganálise é o processo de identificação da esteganografia através da inspeção de vários parâmetros de um suporte stego. O primeiro passo deste processo consiste em identificar um meio suspeito de esteganografia. Depois disso, o processo de esteganálise determina se esse suporte contém ou não uma mensagem oculta e tenta recuperar a mensagem a partir dele. Na criptanálise, é evidente que a mensagem interceptada está encriptada e contém certamente a mensagem oculta, porque a mensagem está baralhada. Mas, no caso da esteganálise, isto pode não ser verdade. O suporte suspeito pode ou não conter uma mensagem oculta. [19] A capacidade de detetar mensagens secretas num objeto estegno está relacionada com o comprimento da mensagem. Obviamente, quanto menos informação for incorporada na imagem de cobertura, menor será a probabilidade de introduzir artefactos detectáveis pelo processo de incorporação. Cada método de esteganografia tem um limite superior para o comprimento máximo seguro da mensagem (ou a taxa de bits expressa em bits por pixel ou amostra) que nos diz quantos bits podem ser incorporados com segurança num objeto de cobertura sem introduzir quaisquer artefactos estatisticamente detectáveis. A determinação desta taxa de bits máxima segura (ou capacidade de esteganografia) é uma tarefa não trivial, mesmo para os métodos mais simples.

Existem várias técnicas de esteganálise. Entre estas técnicas, no caso da técnica de esteganálise de deteção visual, um conjunto de objectos estéreo é comparado com os objectos de cobertura originais para notar a diferença visível. A assinatura da mensagem oculta pode ser obtida através da comparação de várias imagens. O corte ou o preenchimento dos dados de cobertura também constitui um indício visual da mensagem oculta. O aumento ou a diminuição de cores únicas nos objectos de stego devido à diferença no tamanho do ficheiro entre o objeto de cobertura e o objeto de stego também pode ser utilizado na técnica de esteganálise de deteção visual.

1.2.3.1 Caraterísticas da esteganografia

Nas técnicas de esteganografia, uma mensagem é incorporada num objeto de cobertura. São enumeradas a seguir várias caraterísticas que caracterizam a força da esteganografia:

1. Capacidade

A capacidade de ocultação de dados indica o número total de bits ocultos no objeto de cobertura sem serem detectados. Deve ser grande.

2. Robustez

A robustez refere-se à capacidade de os dados incorporados permanecerem intactos, mesmo que o sistema sofra transformações como a filtragem linear e não linear, a adição de ruído aleatório, a rotação, o escalonamento e a compressão. O sistema Stego deve ser robusto.

3. Invisibilidade (Transparência Percetual)

O conceito de invisibilidade baseia-se nas propriedades do sistema visual humano. A informação incorporada é impercetível se um ser humano médio for incapaz de distinguir entre suportes que contêm informação oculta e outros que não a contêm. É importante que a incorporação ocorra sem uma degradação significativa ou perda de qualidade percetual da cobertura. O sistema Stego deve ter transparência perceptiva. [11]

1.2.3.2 Aplicações da esteganografia

Algumas das aplicações da esteganografia são enumeradas a seguir:

1. O transporte de dados sensíveis é uma das principais utilizações da esteganografia. Um problema potencial da criptografia é o facto de os espiões saberem que têm uma mensagem encriptada quando a vêem. A esteganografia permite o transporte de dados sensíveis para além dos espiões sem que estes saibam que os dados sensíveis passaram por eles.

2. É também utilizada para armazenar informações sobre uma localização para fins de segurança. Por exemplo, várias fontes de informação, como alguns segredos militares, informações bancárias, podem ser armazenadas numa imagem de cobertura. Quando temos de ocultar a informação da imagem de cobertura, podemos facilmente revelar a informação da imagem de cobertura.

3. A esteganografia tem também uma aplicação interessante no comércio eletrónico. Nas transacções de comércio eletrónico, a maioria dos utilizadores está protegida por um nome de utilizador e uma palavra-passe, sem qualquer método real de verificação do utilizador.

4. A esteganografia também pode ser utilizada no mundo dos negócios para esconder uma fórmula química secreta ou planos para uma nova invenção.

1.3 COMPARAÇÃO DA ESTEGANOGRAFIA, DA CRIPTOGRAFIA E DA MARCAÇÃO A ÁGUA

A esteganografia é a arte e a ciência de escrever mensagens ocultas de forma a que ninguém, para além do destinatário pretendido, saiba da existência da mensagem. Enquanto na criptografia, a mensagem não é escondida, mas apenas baralhada ou obscurecida. Já na marcação a água, um sinal visível ou invisível é incorporado na imagem, no vídeo ou nos dados de texto para mostrar autenticidade ou prova de propriedade.

Quadro 1.1 Diferença entre esteganografia, criptografia e marcação com água [8]

Categoria	**Esteganografia**	**Criptografia**	**Marcação de água**
Força	Não altera a estrutura da mensagem original.	Alerta para a estrutura da mensagem original.	Tornar-se um atributo dos meios de cobertura.
Identificação a olho nu	Não, porque a mensagem está escondida nos meios de comunicação de cobertura.	Sim, uma vez que a mensagem é convertida noutra forma.	Sim, uma vez que a mensagem real é ocultada pela marca de água.
Capacidade	Diferem consoante o tipo de suporte de cobertura utilizado.	A capacidade é elevada, mas à medida que a capacidade aumenta, as hipóteses de a decifrar tornam-se fáceis.	A capacidade depende do tamanho dos dados ocultos.
Deteção	Não é fácil de detetar	Não é fácil de detetar	Não é fácil de detetar
Robusto	Sim	Sim	Sim

Aplicação	Para comunicações altamente seguras, por exemplo: comércio eletrónico	Seguro comunicação	Proteção dos direitos de autor

A vantagem da esteganografia em relação à criptografia é o facto de as mensagens não chamarem a atenção. No entanto, no caso da criptografia, uma mensagem codificada que não esteja escondida, por mais forte que seja a encriptação, suscitará suspeitas e pode, por si só, ser problemática. Outra vantagem da esteganografia é que os dados secretos podem ser encriptados para maior segurança. Mesmo que os dados sejam interceptados, o atacante tem de enfrentar outra barreira para quebrar a encriptação.

1.4 CLASSIFICAÇÃO DA ESTEGANOGRAFIA

A esteganografia é classificada principalmente com base em dois parâmetros. Um baseia-se no tipo de meio utilizado para enviar informações e o outro no tipo de domínio. A figura 1.8 mostra a classificação da esteganografia.

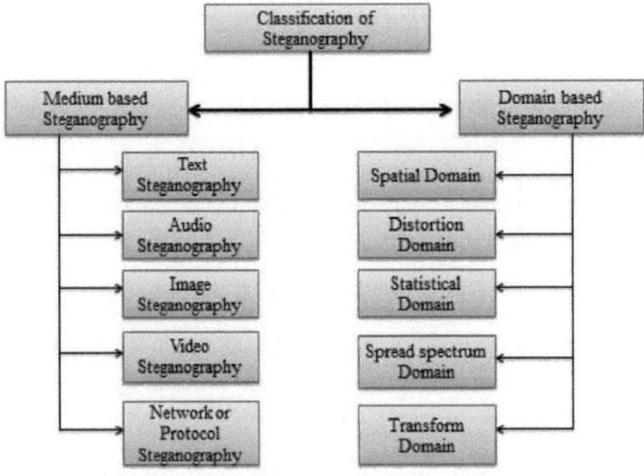

Figura 1.8 Classificação da esteganografia

1.4.1 ESTEGANOGRAFIA BASEADA NO SUPORTE

Com base na utilização de diferentes ficheiros multimédia como suporte, a esteganografia pode ser classificada em esteganografia de texto, áudio, imagem, vídeo e rede. O estudo pormenorizado destas técnicas é apresentado a seguir:

1.4.1.1 Esteganografia de texto

Consiste em esconder informações dentro dos ficheiros de texto. Neste método, os dados secretos são escondidos por detrás de cada n-ésima letra de cada palavra da mensagem de texto. [12] Estão disponíveis vários métodos para ocultar dados em ficheiros de texto. Estes métodos são mencionados a seguir:

> Método baseado no formato

> Método aleatório e estatístico

> Método linguístico.

Mas a capacidade de ocultação dos dados é muito limitada e não existe uma medida para a esteganografia baseada em texto que garanta a confidencialidade dos dados secretos.

1.4.1.2 Esteganografia de áudio

Envolve a ocultação de dados em ficheiros de áudio. Este método esconde os dados em ficheiros de som WAV (Windows Wave) e MP3 (Moving Picture Expert Group Layer-3). [12] Existem diferentes métodos de esteganografia áudio, nomeadamente a codificação de paridade e a ocultação de eco, etc.

> **Codificação de paridade**

Este método divide o sinal em regiões separadas de amostras em vez de o dividir em amostras individuais. Em seguida, codifica cada bit da mensagem secreta no bit de paridade da região da amostra. Se o bit de paridade e o bit secreto da região selecionada a codificar não corresponderem, o processo inverte o LSB de uma das amostras nas regiões. [18]

> **Esconderijo de eco**

A ocultação de eco codifica e faz eco da mensagem secreta sob a forma binária no sinal de áudio com uma degradação mínima à taxa de dados de cerca de 16 bps. Na ocultação de eco, a informação é incorporada num ficheiro de som através da introdução de um eco no sinal discreto. A ocultação de eco coloca a mensagem incorporada no áudio de cobertura através da introdução de um eco. [4]

> **Espalhamento de espetro**

No contexto da esteganografia de áudio, o método básico SS (Spread Spectrum) tenta espalhar o máximo possível as informações secretas pelo espetro de frequência do sinal de áudio. O espetro de propagação utiliza o facto de a pequena mensagem estar escondida nas áreas do ficheiro portador com maior energia. [7] O principal desafio na esteganografia de áudio é obter um sistema de esteganografia robusto e de alta capacidade.

1.4.1.3 Esteganografia de imagens

A ocultação dos dados através da utilização do objeto de cobertura como imagem é designada por esteganografia de imagem. Na esteganografia de imagens, as intensidades dos pixels são utilizadas para ocultar os dados. [12] Na esteganografia digital, as imagens são uma fonte de cobertura muito utilizada, uma vez que existem vários bits na representação digital de uma imagem. A Figura 1.9 mostra a esteganografia de imagens.

Cover image Stego image

Figura 1.9 Esteganografia de imagens

1.4.1.4 Esteganografia de vídeo

Trata-se de uma técnica de ocultação de qualquer tipo de ficheiros ou dados em formato de vídeo digital. Neste caso, o vídeo (combinação de imagens) é utilizado como suporte para esconder os dados. A esteganografia de vídeo ultrapassa o problema da capacidade porque o vídeo é constituído por um número de fotogramas. Assim, pode esconder uma grande quantidade de dados. Além disso, outra vantagem da esteganografia em vídeo é o facto de ser muito difícil atacar os fotogramas do vídeo, porque o atacante tem de verificar todos os fotogramas do vídeo, o que torna mais difícil e complexo atacar os dados incorporados.

1.4.1.5 Esteganografia de rede ou de protocolo

Utiliza TCP/IP (Protocolo de Controlo de Transferência/Protocolo Internet), UDP (Protocolo de Datagrama do Utilizador), ICMP (Protocolo de Mensagem de Controlo da Internet), etc. como objeto de cobertura para ocultar os dados. O TCP/IP tem 2 protocolos, o TCP e o UDP. O TCP é orientado para a ligação, o que faz com que os dados apareçam por ordem no recetor, enquanto o UDP não tem ligação. Os dados podem ser escondidos em qualquer um dos campos obrigatórios do cabeçalho IP. A figura 1.10 mostra o protocolo IP utilizado na esteganografia de rede.

0	4	8	16	19 — 31
Version	HL	Type of service	Total Length	
Identification			Flags	Fragment offset
Time to Live		Protocol	Header Checksum	
Source IP Address				
Destination IP Address				
Options				Padding

Figura 1.10 Cabeçalho IP

1.4.2 ESTEGANOGRAFIA BASEADA NO DOMÍNIO

Há vários domínios de esteganografia disponíveis, como o espacial, o de transformação, o de distorção e o estatístico, etc. Além disso, estes domínios têm várias técnicas para implementar a esteganografia. A figura 1.11 mostra os domínios e os seus subtipos.

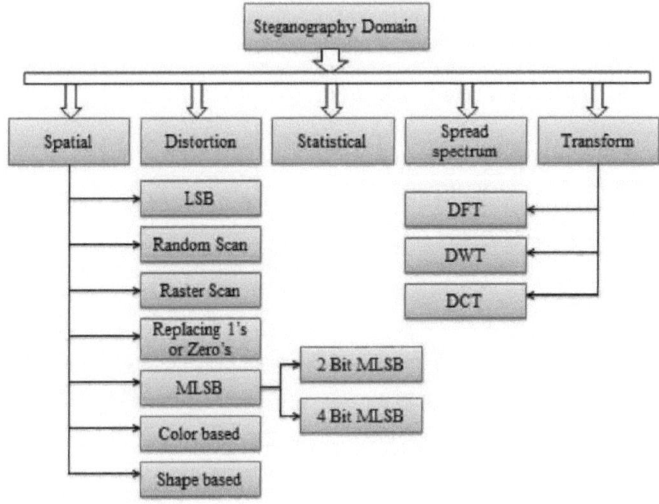

Figura 1.11 Esteganografia baseada no domínio

1.4.2.1 Métodos do domínio espacial

Nesta técnica, o nível de cinzento dos pixels e os seus valores de cor são utilizados diretamente para codificar os bits da mensagem. Esta técnica é o esquema mais simples em termos de incorporação e extração da mensagem. Os algoritmos de incorporação são aplicáveis principalmente a esquemas de compressão de imagem sem perdas, como as imagens Tiff (Tagged Image File Format). O principal inconveniente desta técnica é a quantidade de ruído aditivo que se insinua na imagem, o que afecta diretamente a relação sinal/ruído de pico da imagem. O algoritmo mais comum pertencente a esta classe de técnicas é a técnica de substituição LSB (Least Significant Bit), em que o bit menos significativo da representação binária dos níveis de cinzento do pixel é utilizado para representar o bit da mensagem. Estas técnicas são abordadas a seguir:

> Técnica do bit menos significativo (LSB)

Neste método, os bits menos significativos dos pixéis de cobertura são substituídos por bits de dados secretos a serem escondidos. Suponhamos que os bits de dados secretos são 01011100 e que os valores dos pixéis da imagem de cobertura são:

Tabela 1.2 Valores dos dados de cobertura para a técnica LSB

Primeira linha	00110011	10111011	1101101	00100100
Segunda fila	11011000	00001111	11110000	11101110

Por conseguinte, utilizando os dados secretos e os dados de cobertura acima referidos, os valores dos pixéis da imagem estégica são:

Tabela 1.3 Valores de pixéis do Stego Frame após a técnica LSB

Primeira linha	**00110010**	**10111010**	**11011011**	**00100101**
Segunda fila	**11011001**	**00001110**	**11110001**	**11101110**

Assim, o método LSB é muito simples. A desvantagem deste método é que os atacantes podem facilmente detetar a presença de dados na posição LSB.

> Técnica LSB modificada

MLSB é uma versão modificada do método LSB em que os dados são escondidos não só em 1st posições LSB, mas também noutras posições LSB. Com base no número de bits utilizados para ocultar dados no suporte de cobertura, a técnica MLSB pode ser classificada como:

a) Método LSB de 2 bits modificado

Neste método, 2 bits menos significativos dos dados de cobertura são substituídos por 2 bits de dados secretos. Por conseguinte, a capacidade dos dados aumenta em comparação com o método LSB. Mas o inconveniente é que o MSE (Mean Square Error) também aumenta.

b) Método LSB de 4 bits modificado

Neste método, os 4 bits menos significativos dos dados de cobertura são substituídos por 4 bits de dados secretos. Por conseguinte, a capacidade dos dados aumenta mais em comparação com o método de 2 bits. Mas a desvantagem deste método é que pode haver uma variação de 16 bits no objeto de roubo. Assim, o MSE e a distorção aumentam.

> **Método de pesquisa aleatória**

Neste método, os dados podem ser escondidos aleatoriamente nos meios de cobertura. Por conseguinte, a segurança é muito elevada em comparação com o método LSB e, para aumentar a capacidade dos dados, pode substituir-se um maior número de bits dos dados de cobertura por dados secretos. Suponhamos que os bits dos dados secretos são 01011100 e que o valor do pixel da imagem de cobertura é:

Tabela 1.4 Valor dos dados de cobertura para a técnica Random Scan

Primeira linha	10101111	10101100	10101100	01010101
Segunda fila	01010101	01010101	10100001	10100101

Por conseguinte, utilizando os dados secretos e os dados de cobertura acima referidos, os valores dos pixéis da imagem estégica são

Tabela 1.5 Valores de pixéis do Stego Frame após a técnica Randon Scan

Primeira linha	**10101100**	10000110	10101100	01110101
Segunda fila	01010111	01010001	10101001	10100101

> **Método de digitalização raster**

Neste método, os pixéis de linhas horizontais alternadas são utilizados para substituir a informação secreta. A abordagem LSB pode ser utilizada para esconder os dados nos pixéis de cobertura na primeira linha horizontal. Depois de saltar a segunda linha, a terceira linha é utilizada para esconder os bits de dados secretos e assim por diante, o processo repete-se alternadamente. Suponhamos que os bits de dados secretos são 10101010 e que os valores dos pixéis da imagem de cobertura são:

Quadro 1.6 Valor dos dados de cobertura para a técnica Raster Scan

Primeira linha	10001100	10101010	01010101	10101111
Segunda fila	11111111	10101000	10100000	00001111
Terceira fila	10000110	10001110	10100011	01010101
Quarta fila	01010011	10001101	11001010	10100010

Por conseguinte, utilizando os dados secretos e os dados de cobertura acima referidos, os valores dos pixéis da imagem estégica são

Tabela 1.7 Valores de pixéis do Stego Frame após a técnica Raster Scan

Primeira linha	**10001100**	**10101011**	**01010100**	**10101111**
Segunda fila	11111111	10101000	10100000	00001111
Terceira fila	**10000110**	**10001111**	**10100010**	**01010101**
Quarta fila	01010011	10001101	11001010	10100010

> **Ocultação de dados com base na cor**

Neste método, é utilizada uma cor fixa para ocultar os dados. O valor da intensidade desta cor é convertido em formato binário e, em seguida, a informação secreta é escondida nestes dados binários. Suponhamos que temos uma cor de intensidade 192. Depois de converter este valor de pixel para o equivalente binário 11000000, encontre o número de pixéis com o valor de intensidade 192. Em seguida, substituir estes valores de pixel por dados secretos utilizando a técnica LSB ou a técnica Random Scan. [5]

> **Ocultação de dados com base na forma**

Neste método, qualquer forma pode ser utilizada para ocultar os dados secretos. Por exemplo, os dados de cobertura de forma retangular são utilizados para ocultar os dados secretos.

> **Substituir apenas 1 ou zero**

Neste método, substitui-se todos os 1's dos últimos quatro bits significativos dos dados de cobertura pelos dados secretos. Do mesmo modo, todos os zeros podem ser substituídos pelos dados secretos nos últimos quatro bits significativos dos dados de cobertura. A vantagem deste método é que a deteção de dados ocultos será muito difícil para qualquer intruso. [5]

1.4.2.2 Técnica de distorção

As técnicas de distorção requerem o conhecimento da cobertura original no processo de descodificação. O remetente aplica uma série de modificações ao objeto de cobertura para obter o objeto stego. A sequência de modificações corresponde a uma mensagem secreta específica que o remetente pretende transmitir. O destinatário mede as diferenças em relação à cobertura original para reconstruir a sequência de modificações, que corresponde à mensagem secreta. Uma falha neste sistema é o facto de o recetor ter de ter acesso às capas originais. Se um espião tiver acesso a elas, pode facilmente detetar as modificações da capa e obter provas de uma comunicação secreta. Por conseguinte, pressupõe-se que as capas originais tenham sido distribuídas através de um canal secreto.

1.4.2.3 Técnica estatística

O método estatístico é também designado por esquema de esteganografia de "1 bit". Este esquema incorpora um bit de informação num suporte digital. Isto é conseguido modificando a cobertura de tal forma que certas caraterísticas estatísticas se alteram significativamente se for transmitido "1". Se a cobertura não for alterada, indica um "0". O recetor deve ser capaz de distinguir entre capas modificadas e não modificadas para receber a mensagem secreta. Supondo que m é a mensagem secreta e que a cobertura está dividida em (m) blocos disjuntos B1 $B_{(i)}$. Um bit secreto m_i é inserido no bloco i^{th} colocando um "1" em B_i se $m_i = 1$; caso contrário, o bloco mantém-se inalterado. A deteção de um bit específico é feita através de uma função de teste que distingue entre blocos modificados e não modificados com base no valor seguinte de $f(B_i)$.

Iff $(B_i) = 1$ então o bloco é modificado

$f(B_i) = 0$, então o bloco não é modificado.

1.4.2.4 Técnica de espetro alargado

Neste método, os dados secretos são distribuídos por uma ampla largura de banda de frequência. A relação entre o sinal e o ruído em cada banda de frequência deve ser tão pequena que se torna difícil detetar a presença de dados. Mesmo que partes dos dados sejam removidas de várias bandas, haverá ainda informação suficiente presente noutras bandas para recuperar os dados. Assim, é difícil remover completamente os dados sem destruir totalmente a cobertura. Trata-se de uma técnica muito robusta, utilizada sobretudo nas comunicações militares. [12]

1.4.2.5 Técnica de domínio de transformação

Nesta técnica, a mensagem secreta é incorporada na transformação ou no domínio da frequência da cobertura. Trata-se de uma forma mais complexa de esconder uma mensagem numa imagem. São utilizados diferentes algoritmos e transformações na imagem para a esconder. As técnicas no domínio da transformação são classificadas em termos gerais como

> Técnica de Transformação Discreta de Fourier (DFT)

> Técnica de transformação discreta do cosseno (DCT)

> Técnica de Transformação de Wavelet Discreta (DWT)

A transformada de Fourier é uma importante ferramenta de processamento de imagem que é utilizada para decompor qualquer imagem nos seus componentes de seno e cosseno. A saída da transformação representa a imagem no domínio de Fourier ou de frequência, enquanto o domínio de entrada é o equivalente no domínio espacial. Na imagem no domínio de Fourier, cada ponto representa uma frequência específica contida na imagem no domínio espacial.

A transformada de Fourier é utilizada numa vasta gama de aplicações, tais como a análise de imagens, a filtragem de imagens, a reconstrução de imagens e a compressão de imagens. Para uma imagem quadrada de dimensão [N×N], a DFT 2-D é dada por:

$$F(k,l) = \sum_{i=0}^{N-1} \sum_{j=0}^{N-1} f(i,j) e^{-i2\pi\left(\frac{ki}{N}+\frac{lj}{N}\right)} \quad (1)$$

em que f(i, j) é a imagem no domínio espacial e o termo exponencial é a função de base correspondente a cada ponto F(k, l) no espaço de Fourier. De forma semelhante, a imagem de Fourier pode ser retransformada para o domínio espacial utilizando a transformada inversa de Fourier, que é dada por .[24]

$$f(a,b) = \frac{1}{N^2} \sum_{k=0}^{N-1} \sum_{l=0}^{N-1} F(k,l) e^{i2\pi\left(\frac{ka}{N}+\frac{lb}{N}\right)} \quad (2)$$

1.5 PARÂMETROS DE DESEMPENHO

O processo de esteganografia não deve reduzir a qualidade da imagem. Mas, na prática habitual, a qualidade da imagem deteriora-se e tem de ser quantizada. A qualidade da imagem ou o desempenho do processo de esteganografia pode ser verificado através de uma abordagem subjectiva ou objetiva. Na abordagem subjectiva, basta ver o objeto estego de entrada e de saída para decidir a qualidade da saída, se a imagem está degradada ou não, ou se é exatamente igual ao meio de cobertura. Mas na abordagem objetiva, são utilizados determinados parâmetros para verificar o desempenho do sistema. Em seguida, de acordo com o valor obtido a partir desses parâmetros, é decidida a qualidade do objeto. Estes parâmetros são analisados a seguir:

> **Rácio sinal/ruído de pico**

Define-se como o rácio entre a potência máxima possível do sinal e a potência do ruído que afecta a fidelidade da sua representação. É medido em (dB). Quanto mais elevado for o PSNR, melhor será a qualidade do objeto stego.

> **Erro Quadrático Médio**

É definido como o erro médio quadrático entre o objeto stego e o objeto original. Quanto mais pequeno for o MSE, mais eficiente é a técnica de esteganografia.

> **Fator de correlação**

É uma medida da extensão e da direção da combinação linear de duas variáveis aleatórias. Se duas variáveis estiverem estreitamente relacionadas, o coeficiente de correlação aproxima-se do valor 1. Por outro lado, se o coeficiente estiver próximo de 0, as duas variáveis não estão relacionadas.

1.6 FORMULAÇÃO DE PROBLEMAS

> A segurança dos dados transmitidos é a principal preocupação nos tempos actuais, para que não possam ser interceptados por pessoas não autorizadas. Por isso, é necessário conceber um algoritmo que possa proporcionar uma segurança elevada com um nível de encriptação forte.

> A capacidade do sistema de ocultação de dados deve ser grande.

> Não deve haver qualquer alteração nos dados de cobertura para que a presença de dados ocultos não possa sequer ser prevista. Assim, os parâmetros de desempenho como MSE, PSNR e fator de correlação têm de ser melhorados.

1.7 OBJECTIVOS DA TESE

A esteganografia de vídeo pode ser implementada nos domínios espacial e da frequência. A partir da pesquisa bibliográfica, observa-se que as técnicas de esteganografia que funcionam no algoritmo do domínio espacial têm menos complexidade do que no domínio da frequência. Este trabalho de tese centrar-se-á na implementação de técnicas de esteganografia de vídeo no domínio espacial utilizando a plataforma MATLAB. Os objectivos gerais deste trabalho de tese são descritos a seguir:

> Estudar técnicas de esteganografia de vídeo, tais como (MLSB) Modified Least Significant Bit e Random Scan para esconder dados.

> Para implementar as técnicas acima referidas para a esteganografia de vídeo utilizando a plataforma MATLAB.

> Comparar o desempenho das técnicas de varrimento aleatório e LSB modificado com base no MSE (erro quadrático médio), PSNR (relação sinal/ruído de pico) e fator de correlação.

> Implementar o processo de esteganálise no lado do recetor para recuperar os dados secretos.

1.8 ORGANIZAÇÃO DA TESE

Chapter 1 é introdutório e fornece informações básicas sobre vários tipos de métodos de ocultação de dados com o seu diagrama de blocos. Segue-se uma breve descrição da classificação da esteganografia com base no meio utilizado e no domínio. No final, o capítulo descreve a formulação do problema e os objectivos da tese.

Chapter 2 inclui uma pesquisa bibliográfica sobre o processo de esteganografia. Este capítulo aborda várias técnicas de esteganografia como (esteganografia de áudio, imagem e vídeo) que têm sido utilizadas em todo o mundo.

Chapter 3 apresenta a metodologia utilizada neste trabalho de tese. Existem muitas técnicas de implementação de esteganografia, como LSB, MLSB, Raster scan, Color based, Random Scan, Shape based, etc. Mas, de entre essas técnicas, foram utilizadas neste trabalho de tese as técnicas Random Scan e MLSB.

Chapter 4 inclui os resultados e a discussão. Os resultados experimentais mostram que o varrimento aleatório é melhor do que a técnica MLSB no que respeita à segurança.

Chapter 5 resumo dos resultados obtidos durante o presente estudo e outras possibilidades da esteganografia no futuro, apresentadas no último capítulo.

Capítulo 2 PESQUISA DE LITERATURA

2.1 VISÃO GERAL

A segurança dos dados é uma questão importante para as comunicações cibernéticas, como a banca, a defesa e o comércio eletrónico. Por conseguinte, torna-se essencial ocultar os dados utilizando um método adequado antes da transmissão. Os investigadores propuseram várias técnicas para o efeito, que são analisadas na secção seguinte.

2.2 REVISÃO DA LITERATURA

Existem várias técnicas que podem ser utilizadas para esconder dados secretos num meio de cobertura adequado. Uma forma possível, sugerida pelos investigadores, é a esteganografia. Foi efectuado um breve levantamento de várias técnicas de esteganografia, que é apresentado a seguir:

➢ **Natarajan Meghanathan e Lopamudra Nayak, (2010),** analisaram vários algoritmos de esteganálise disponíveis para três domínios de esteganografia habitualmente utilizados: imagem, áudio e vídeo. Os algoritmos de esteganálise de imagem foram classificados em duas grandes categorias: Específicos e Genéricos [17]. Os algoritmos de esteganálise específicos baseiam-se no formato da imagem digital, como GIF (Graphics Interchange Format), BMP (Bit Mapped) e JPEG (Joint Photography Expert Group), e dependem do algoritmo de esteganografia subjacente utilizado. Os algoritmos genéricos de esteganálise de imagens funcionam com qualquer algoritmo de esteganografia subjacente, mas exigem uma análise computacional mais complexa e uma análise estatística de ordem superior. Os algoritmos de esteganálise de áudio detectavam as descontinuidades na fase (na codificação de fase) e as variações na amplitude (na ocultação de eco). Os algoritmos de esteganálise de vídeo utilizaram as redundâncias temporais ao nível dos fotogramas e entre fotogramas.

➢ **Ramalingam, (2011),** apresentou a esteganografia de vídeo com base no método MLSB (Modified Least Significant Bit) [15]. Todo o trabalho foi realizado em GUI (Graphical User Interface), o que o tornou independente da plataforma, com elevada portabilidade e consistência. Para aumentar o nível de segurança, também se procedeu à encriptação. A esteganografia vídeo ultrapassou o problema da capacidade de ocultação de dados que existia anteriormente na esteganografia de texto e imagem.

➢ **Dasgupta et al., (2012),** propuseram uma técnica baseada em hash para esteganografia de vídeo. Nesta técnica, o trabalho é feito no domínio espacial para ocultar a presença de dados sensíveis [13]. A técnica LSB foi aplicada em ficheiros AVI (Audio Visual Interleave); no entanto, também pode ser utilizada com qualquer outro formato de ficheiros de vídeo como MP4 com pequenas modificações. Os resultados da experiência mostraram que o MSE utilizando a técnica HLSB (Hash Based LSB) foi de 0,34, enquanto o PSNR varia entre 42,66 e 45,67. Por conseguinte, os resultados obtidos com o método HLSB estão bem dentro do intervalo.

> **Kaur et al., (2012),** analisaram os métodos LSB (Least Significant Bit) e DCT (Discrete Cosine Transform) com base na PSNR, MSE, tempo de processamento, capacidade de carga útil [6]. Os resultados experimentais mostraram que o valor PSNR é de 51,1 (dB). Enquanto que o MSE e o tempo de processamento variam entre 0,49 e 0,50 e entre 1,04 e 1,32 segundos utilizando o método LSB. Mas a PSNR, a MSE e o tempo de processamento variam entre 39,39 e 40,67, 5,56 e 7,47 e 1,04 e 1,32 segundos, respetivamente, utilizando o método DCT. Assim, o método LSB foi o melhor em termos de PSNR, mas em termos de segurança, robustez e independentemente do formato do ficheiro, o método DCT foi o melhor.

> **Shamim Ahmed Laskar e Katta Manchai Hema chandram, (2012),** sugeriram um método para desenvolver um sistema com um nível de segurança adicional. Para o efeito, os autores utilizaram tanto a esteganografia como a criptografia para proporcionar uma segurança de 2 camadas [23]. Neste método, foi aplicada a técnica de transposição, na qual, em vez de substituir as letras, foi alterada a ordem das letras da mensagem secreta. Os resultados experimentais mostraram que o valor de PSNR e MSE varia de 51,28 a 51,93 (dB) e 0,41 a 0,48, respetivamente.

> **Swathi et al., (2012),** afirmou que a esteganografia de vídeo suporta uma elevada capacidade de dados. A técnica LSB (Least Significant Bit) funcionou no bit LSB do ficheiro multimédia para ocultar o bit de informação [1]. Os autores implementaram a esteganografia em vídeo tomando o vídeo como suporte de cobertura e os dados de texto como dados secretos e, em seguida, converteram o vídeo em fotogramas e os dados de texto em formato binário tomando o valor ASCII (American Standard Code for Information Interchange) de cada carácter. Os dados secretos foram incorporados nos meios de cobertura com base na chave stego, que foi utilizada sob a forma de equações polinomiais com diferentes coeficientes.

> **Chawla et al., (2013),** propuseram um novo método de ocultação de dados no coeficiente wavelet discreto da imagem de cobertura, utilizando a técnica de transformação de rotação da matriz [2]. No lado do recetor, a IDWT (Inverse Discrete Wavelet Transform) foi aplicada para recuperar a mensagem secreta. Esta técnica é válida tanto para imagens a cores como para imagens a cinzento. Os resultados experimentais mostraram que o valor de PSNR e MSE varia de 30,20 a 33,74 e de 27,27 a 62,01 quando a = 0,04. Enquanto que estes parâmetros variam de 22,24 a 25,81 e 170,44 a 387,56 quando a = 0,1.

> **Bhautmage et al., (2013),** discutiram que havia várias restrições, tais como a quantidade de dados a serem escondidos, o grau em que os dados devem ser imunes à interceção, e modificação ou remoção por terceiros [21]. Os autores propuseram uma nova técnica de incorporação e extração de dados para vídeos AVI (Audio Video Interleave). Neste método, os bits LSB e LSB+3 foram alterados em bytes alternados do ficheiro de cobertura. Para a encriptação, foi utilizado o método de troca de bits, em que o índice é colocado numa moldura do vídeo para a extração de mensagens secretas. Uma vez que os dados foram escondidos aleatoriamente, este método proporciona um elevado nível de segurança porque o atacante não sabe em que posição os dados foram escondidos.

> **Kumar et al., (2013),** sugeriram um método para esconder dados de texto em ficheiros de vídeo e implementaram este sistema numa plataforma de interface gráfica do utilizador (GUI) [14]. Neste método, o autor começa por selecionar a mensagem de texto secreta, encripta-a com uma chave secreta e, por fim, incorpora a mensagem de texto no ficheiro de vídeo. Depois de clicar no botão "de-embed" no ecrã da GUI, os dados secretos são recuperados após a descodificação. No futuro, a mensagem pode ser escondida utilizando imagens de telemóveis.

> **Wafaa Hasan Alwan, (2013),** propôs uma técnica LSB modificada ou baseada na dinâmica para ocultar dados em vídeo [29]. Nesta técnica, o pixel mais significativo da imagem oculta foi armazenado no pixel menos significativo do filme de capa. Os resultados experimentais mostraram que o valor de PSNR e MSE varia de 25,33 a 31,16 (dB) e de 11,35 a 20,26, respetivamente.

> **Wajgade et al., (2013),** discutiram várias técnicas de esteganografia como imagem, áudio, vídeo e esteganografia de rede. Os autores propuseram o algoritmo AES (Advanced Encryption Standard) para segurança avançada dos dados, uma vez que o AES utiliza uma cifra de bloco simétrica e SHA-1 para gerar a chave secreta [27]. Os dados secretos foram escondidos nos bits não utilizados do quadro de áudio do ficheiro de vídeo de cobertura. Para aumentar a segurança, os dados cifrados foram novamente cifrados utilizando a norma de cifragem avançada. Este método foi mais eficaz para a comunicação secreta através do canal de rede.

> **Jenifer et al., (2014),** explicaram a esteganografia de vídeo através da incorporação da imagem secreta na imagem de cobertura significativa de qualquer tipo de ficheiro de vídeo utilizando a abordagem LSB [24]. Os autores discutiram o fluxograma do algoritmo de esteganografia de vídeo, no qual a primeira moldura foi selecionada a partir do vídeo de cobertura, depois foram aplicadas técnicas de filtragem e transformação de máscaras nas imagens secretas e, por fim, foi efectuado o processo de incorporação. Foi também aplicada uma chave stego ao sistema durante a incorporação da mensagem na imagem de cobertura. Este método proposto tem muitas vantagens específicas, como

a facilidade de utilização, o processo simples e eficaz de incorporação da imagem secreta com mais segurança.

> **Karthikeyan et al., (2014),** implementaram a esteganografia com a técnica de varrimento raster utilizando um mecanismo de geração de chaves aleatórias [3]. Para aumentar a segurança e a qualidade da imagem, foi aplicada a digitalização e o OPAP (Optimal Pixel Adjustment Processes). A inserção de texto simples permutado foi efectuada na imagem depois de a imagem ter sido digitalizada horizontalmente ou verticalmente. Os resultados experimentais mostraram que o MSE foi reduzido de 0,0013 para 0,000885. Assim, este método proporciona uma segurança elevada.

> **Kelash et al., (2014),** propuseram um algoritmo para esconder a mensagem numa parte do fotograma ou em todo o fotograma com base no HCV (Histogram Constant Value). A seleção aleatória de fotogramas aumenta o nível de segurança e, para aumentar a capacidade de incorporação, o número de pixels desvanecidos foi reduzido em cada fotograma [10]. Os resultados experimentais mostraram que o número de pixéis desvanecidos varia entre 69 e 1605122 com a técnica proposta, em comparação com 195 a 450560 utilizando a técnica LSB e 73 a 168960 utilizando a técnica RGB. Além disso, o PSNR com o método proposto varia entre 47,91 e 48,84. Assim, o algoritmo proposto melhorou a capacidade de incorporação, mantém a qualidade do vídeo estéril, é mais eficiente, simples, exato e mais seguro.

> **Mritha Ramalingam e Nor Ashidi Mat Isa, (2014),** sugeriram um método para transmitir o máximo de dados ocultos sem perder a qualidade e o tamanho do vídeo [16]. Para atingir esse objetivo, os autores utilizaram a chave de criptografia para codificação e decodificação de dados sequenciais. O sistema foi implementado em ambiente MATLAB. O desempenho da abordagem esteganográfica foi avaliado utilizando imagens de vídeo em formato BMP (Bit Mapped) com componentes Vermelho, Verde e Azul (RGB). Os resultados experimentais mostraram que os valores de PSNR e MSE são 62,04 dB e 0,04. Assim, os sistemas de esteganografia baseados na codificação sequencial são simples e produzem distorções imperceptíveis nas imagens BMP resultantes.

> **Nematollah Zarmehi e Mohammad Ali Akhaee, (2014),** propuseram um método de esteganálise de vídeo para a incorporação de espetro de propagação multiplicativa. Este método utilizou as redundâncias dos fotogramas de vídeo para estimar o fotograma de cobertura e, depois de extrair algumas caraterísticas dos fotogramas de vídeo e dos fotogramas estimados, o vídeo recebido foi classificado como suspeito ou não suspeito [19]. No caso de o vídeo ser declarado suspeito, a mensagem oculta e o fator de ganho são estimados. Utilizando esta mensagem oculta e este fator de ganho estimados, o vídeo original pode ser reconstruído. Os resultados da simulação verificaram o sucesso deste método.

> **Jain et al., (2015),** propuseram um algoritmo que era a variante do método de substituição LSB. Neste algoritmo, os dados foram ocultados numa imagem colorida JPEG (Joint Photography Expert Group) com a ajuda de uma chave. A segurança dos dados ocultos era proporcional ao comprimento da chave utilizada [20]. Uma abordagem de 3 camadas aumentou o tamanho do armazenamento de dados. A vantagem deste método era que a deteção de dados ocultos era muito difícil, pelo que a segurança e a capacidade seriam melhoradas.

> **Selvigrija et al., (2015),** explicaram o conceito de esteganografia dupla, que era uma combinação de esteganografia e criptografia [26]. Para implementar este conceito, foram utilizados 3 algoritmos, nomeadamente a encriptação de vídeo, a decomposição de imagens e a incorporação de imagens. Estes algoritmos foram implementados utilizando os métodos de transformação de Arnold, DWT e Alpha blend, respetivamente. Os seus resultados experimentais indicam o elevado nível de segurança da esteganografia dupla para vídeos secretos.

2.3 DISCUSSÃO

Tal como referido na literatura, foram efectuados muitos trabalhos de investigação para garantir a segurança dos dados utilizando várias técnicas de esteganografia. Os métodos espaciais e de domínio da frequência atraem muito os investigadores. No entanto, ainda é necessário melhorar muito a conceção das técnicas de esteganografia, de modo a proporcionar segurança avançada aos dados transmitidos com um valor aceitável de MSE, PSNR e fator de correlação.

Capítulo 3 IMPLEMENTAÇÃO DO RANDOM SCAN E DO MLSB

3.1 VISÃO GERAL

Existem vários domínios de ocultação de dados, como o espacial, o de transformação e o de espetro alargado, etc. O domínio espacial é o mais popular entre eles. As técnicas de ocultação LSB, MLSB, Random Scan e baseadas na cor são as mais comuns neste domínio. Este capítulo apresenta um estudo pormenorizado da implementação do processo de esteganografia de vídeo utilizando a técnica Random Scan e MLSB na plataforma MATLAB.

3.2 IMPLEMENTAÇÃO DA ESTEGANOGRAFIA

A implementação da técnica de esteganografia inclui a leitura dos dados de cobertura e, em seguida, a incorporação de dados secretos nos mesmos. Apresenta-se em seguida uma discussão pormenorizada:

3.2.1 LEITURA DE DADOS SECRETOS E DE COBERTURA

O procedimento seguinte é utilizado para ler os dados de cobertura e os dados secretos.

1. Selecionar aleatoriamente qualquer fotograma do vídeo de cobertura no qual a informação secreta deve ser escondida e obter o valor do pixel para cada plano RGB. A tabela 3.1 mostra o valor do pixel do plano vermelho em decimal para o quadro de cobertura de duas linhas e quatro colunas quaisquer.

Quadro 3.1 Valor do píxel dos dados de cobertura em decimal

Primeira linha	90	85	204	185
Segunda fila	28	60	215	136

Do mesmo modo, pode obter-se o valor do pixel para o plano Verde e Azul.

2. Em seguida, é necessário converter cada valor de pixel em formato binário. A tabela 3.2 mostra os valores dos pixéis em formato binário para a imagem de cobertura acima referida.

Quadro 3.2 Valor do pixel dos dados de cobertura em formato binário

Primeira linha	01011010	01010101	11001100	10111011
Segunda fila	00011100	00111100	11100001	10001000

3. Os dados secretos podem ser obtidos utilizando os mesmos passos que os descritos para a leitura dos dados de cobertura.

Para aumentar a segurança, os bits dos dados secretos são encriptados utilizando o complemento de um, em que 1 é substituído por 0 e 0 por 1. A Tabela 3.3 mostra o valor dos pixels do plano vermelho em decimal, em binário e na forma encriptada para os dados secretos, respetivamente.

Tabela 3.3 Valor do pixel dos dados secretos em formato decimal, binário e cifrado

Valor decimal	183	96	80
Valor binário	10110111	01100000	01010000
Bits encriptados	01001000	10011111	10101111

3.2.2 INCORPORAÇÃO UTILIZANDO A TÉCNICA DE VARRIMENTO ALEATÓRIO

> Para incorporar cada pixel de dados secretos, este é dividido em pares de 2 bits e, em seguida, cada par é incorporado em pixels separados de dados de cobertura. Para o efeito, é aplicada a cada par de bits a operação lógica AND com as variáveis a=3, b=12, c=48, d=192. Por exemplo, se os bits dos dados encriptados forem 01001000, a saída lógica AND destes dados deve ser a indicada na tabela 3.4.

Tabela 3.4 Saída da operação AND

Bits encriptados para dados secretos183	01001000	01001000	01001000	01001000
E variável	a=00000011	b=00001100	C=00110000	d=11000000
Saída AND	**00000000**	00001000	00000000	01000000

Estes dados secretos são escondidos aleatoriamente nos pixéis de cobertura; assim, os bits dos dados secretos são deslocados para posições diferentes. Esta deslocação de bits é normalmente efectuada utilizando o comando MATLAB "bitshift". Há várias formas possíveis de deslocar os dados, como por exemplo: 1-2 bits podem ser deslocados para 3-4 posições, 5-6 bits podem ser deslocados para 3-4 e assim por diante. A Tabela 3.5 mostra a operação de deslocação de bits.

Tabela 3.5 Operação de deslocação de bits

Entrada para deslocamento de bits	**00000000**	00001000	00000000	01000000
Saída da deslocação de bits	00000000	**00000010**	00000000	**00000001**
Mudança de posição	Mudança de 1-2 para 3-4	3-4 mudança para 1-2	5-6 passa para 3-4	7-8 mudar para 1-2

Agora, estes pixels deslocados são incorporados nos pixels de cobertura utilizando a operação ExOR, em que a saída só é baixa quando ambas as entradas são iguais. A operação completa da técnica de varrimento aleatório é apresentada na tabela 3.6.

Tabela 3.6 Técnica de varrimento aleatório utilizando EXOR

Dados secretos	1011011	1011011	1011011	1011011
Encriptação utilizando o complemento de um	01001000	01001000	01001000	01001000
Deslocação de dados encriptados	00000000	**00000010**	00000000	**00000001**
Dados de cobertura da primeira linha	01011010	01010101	11001100	10111011
Incorporação de dados utilizando ExOR	01011010	**01010111**	11001100	**10111010**
Valor dos pixéis de cobertura antes da incorporação	90	85	204	185
Valor dos pixéis de cobertura após a incorporação	90	87	204	184
Variação de bits	**Não**	**2 bits**	**Não**	**1 bit**
Os dados de capa da segunda linha permanecem inalterados	00011100	00111100	11100001	10001000

3.2.3 INCORPORAÇÃO UTILIZANDO A TÉCNICA MLSB

> Na técnica MLSB, os dados são ocultados apenas nas duas primeiras posições LSB. Por conseguinte, os dados secretos são deslocados para as duas primeiras posições LSB utilizando as operações AND e Bit Shift. O deslocamento múltiplo de todos os bits de dados é efectuado utilizando o ciclo FOR. Por exemplo, se os bits de dados encriptados forem 01001000, o deslocamento lógico e a saída AND destes dados são apresentados na tabela 3.7.

Quadro 3.7 Operações de deslocação e AND de dados secretos

Bits encriptados para dados secretos 183	**01001000**	01001000	01001000	01001000
Deslocação de dados secretos	**01001000**	**00010010**	**00000100**	**00000001**
E a variável a=3	00000011	00000011	00000011	00000011

Saída AND de a e dados deslocados	**00000000**	**00000010**	**00000000**	**01000001**

Para incorporar os pixéis deslocados nos dados de cobertura, os dois primeiros bits dos dados de cobertura são convertidos em "00" utilizando a operação lógica AND. Em seguida, os dois primeiros bits dos dados de cobertura são substituídos por bits de dados secretos utilizando a operação lógica OR. A tabela 3.8 mostra o funcionamento completo da técnica MLSB.

Quadro 3.8 Técnica MLSB com substituição direta

Dados secretos	1011011	1011011	1011011	1011011
Encriptação utilizando o complemento de um	01001000	01001000	01001000	01001000
Deslocação de dados encriptados	**00000000**	**00000010**	**00000000**	**01000001**
Dados de cobertura da primeira linha	01011010	01010101	11001100	10111011
Dados de cobertura após AND com b=252	01011000	01010100	11001100	10111000
Incorporação de dados utilizando OR	**01011000**	**01010110**	**11001100**	**10111001**
Valor dos pixéis de cobertura antes da incorporação	88	84	204	184
Valor dos pixéis de cobertura após a incorporação	88	86	204	185
Variação de bits	**Não**	**2 bits**	**Não**	**1 bit**
Os dados de capa da segunda linha permanecem inalterados	00011100	00111100	11100001	10001000

3.3 PROCEDIMENTO DE ESTEGANÁLISE

A esteganálise do meio de cobertura pode ser efectuada se a informação inicial sobre a esteganografia (vídeo de cobertura e vídeo stego) estiver disponível. O processo de esteganálise para a técnica de varrimento aleatório inclui normalmente os seguintes passos:

1. Leitura do vídeo stego e do vídeo de cobertura para obter os valores dos pixéis. Inicialmente, a

operação ExOR é aplicada aos pixéis do stego e do cover para extrair os bits de dados secretos. Esta operação é ilustrada na tabela 3.9.

Tabela 3.9 ExOR dos pixéis de cobertura e stego

Píxel de dados de cobertura	01011010	01010101	11001100	10111011
Píxel Stego	01011010	01010111	11001100	10111010
Saída EXOR	00000000	00000010	00000000	00000001

2. Os dados secretos assim obtidos encontram-se na posição aleatória, que é deslocada para a posição original utilizando a operação "bitshift", como se mostra na tabela 3.10.

Tabela 3.10 Deslocação de bits dos bits extraídos

Funcionamento	Deslocação de bits			
Saída EXOR	00000000	**00000010**	00000000	**00000001**
Mudança de posição	3-4 em 1-2	1-2 em 3-4	3-4 em 5-6	1-2 em 7-8
Saída de deslocamento de bit	**00000000**	00001000	00000000	01000000

3. Após a operação de deslocação de bits, os dados obtidos são dispersos. Estes dados são agora agrupados para gerar dados secretos. Esta operação é efectuada utilizando o OR lógico. Assim, os dados agrupados no exemplo acima devem aparecer como "01001000". Mas estes dados estão encriptados; a sua desencriptação é efectuada utilizando o complemento de 1. Assim, os dados secretos finais serão recuperados e devem aparecer como 10110111.

3.4 CONFIGURAÇÃO EXPERIMENTAL DA ESTEGANOGRAFIA DE VÍDEO

As técnicas de varrimento aleatório e MLSB acima referidas são ilustradas experimentalmente nesta subsecção. A Figura 3.1 mostra uma configuração experimental de esteganografia em que os dados secretos são escondidos num dos fotogramas do vídeo de cobertura.

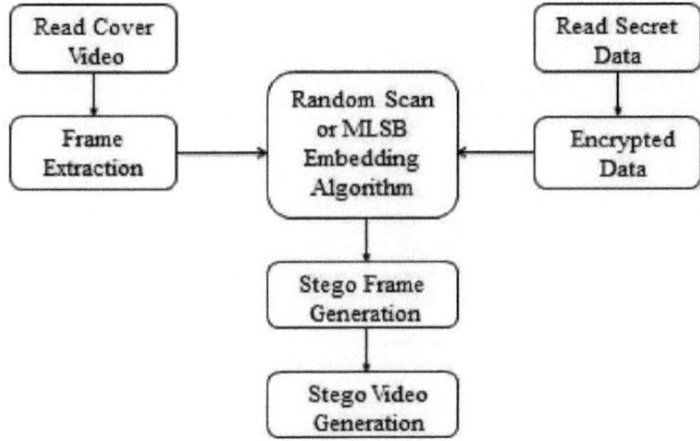

Figura 3.1 Configuração experimental da esteganografia de vídeo

O procedimento passo a passo da esteganografia utilizando o MATLAB é apresentado em seguida:

Passo 1: Leitura do vídeo da capa

O comando MATLAB "videoreader" foi utilizado para ler o vídeo de cobertura. O comando "videoreader" é compatível com os formatos Avi (Audio Video Interleave), Mp3 (Moving Picture Group3), etc. Uma vez que o ficheiro de vídeo é constituído por imagens e áudio, ambos podem ser utilizados para a esteganografia. Depois de ler o ficheiro de vídeo, mediu-se a sua resolução (largura*altura). Os parâmetros de resolução obtidos para o vídeo de cobertura, nomeadamente "visiontraffic.avi", foram 360*640 com 29 fotogramas/segundo e um total de 531 fotogramas. Para além disso, os parâmetros de resolução do vídeo "atrium.avi" eram 360*640 com 30 fotogramas/segundo, num total de 431 fotogramas.

Passo 2: Extração de quadros

A extração de fotogramas é um processo de extração de fotogramas do vídeo. Inicialmente, o vídeo de cobertura foi convertido em fotogramas, dos quais foi escolhido um fotograma aleatório para ocultar os dados. Como o vídeo estava no formato RGB, os planos vermelho, verde e azul foram extraídos para trabalhar independentemente em cada plano. A figura 3.2 mostra o fotograma extraído do vídeo de cobertura.

Figura 3.2 Fotograma extraído do vídeo de cobertura

A Figura 3.3 mostra a separação dos planos vermelho, verde e azul do quadro de cobertura extraído.

Figura 3.3 Extração do plano vermelho, verde e azul do fotograma selecionado

Passo 3: **Leitura de dados secretos**

Os dados secretos podem assumir qualquer forma, como texto, áudio, imagem, etc. No presente trabalho, os dados secretos estão sob a forma de imagem. Após a leitura, os dados são redimensionados de acordo com a resolução do ficheiro de vídeo. Em seguida, são encriptados e é criado um negativo dos dados. As figuras 3.4 e 3.5 mostram os planos vermelho, verde e azul extraídos dos dados secretos e os respectivos negativos.

Figura 3.4 Extração de planos vermelho, verde e azul a partir de dados secretos

Figura 3.5 Negativo do plano vermelho, verde e azul dos dados secretos

Passo 4: Algoritmo de incorporação

Para incorporar os dados encriptados, são utilizadas as técnicas Random Scan e MLSB, tal como explicado na secção 3.2.2 e 3.2.3.

Passo 5: Geração do vídeo Stego

As molduras Stego são geradas através da incorporação de planos de dados secretos nos respectivos planos vermelho, verde e azul das molduras de cobertura. Em seguida, combinam-se os três planos vermelho, verde e azul utilizando o processo de concatenação para gerar a moldura stego. As figuras 3.6 e 3.7 mostram as imagens stego vermelha, verde, azul e RGB.

Figura 3.6 Formação dos planos Stego Vermelho, Verde e Azul

Figura 3.7 Quadro stego RGB

Para gerar o vídeo stego, comece por criar um ficheiro de vídeo vazio. Em seguida, adicionar a moldura stego e outras molduras a este ficheiro de vídeo. Desta forma, o vídeo com stego é gerado após o processo de esteganografia de vídeo que esconde a informação secreta.

3.5 CONFIGURAÇÃO EXPERIMENTAL PARA A ESTEGANÁLISE DE VÍDEO

A esteganálise é a arte de descobrir dados ocultos em objectos de cobertura. A esteganálise é o processo de identificação da esteganografia através da inspeção de vários parâmetros de um meio estego. A configuração experimental deste processo é apresentada na Figura 3.8.

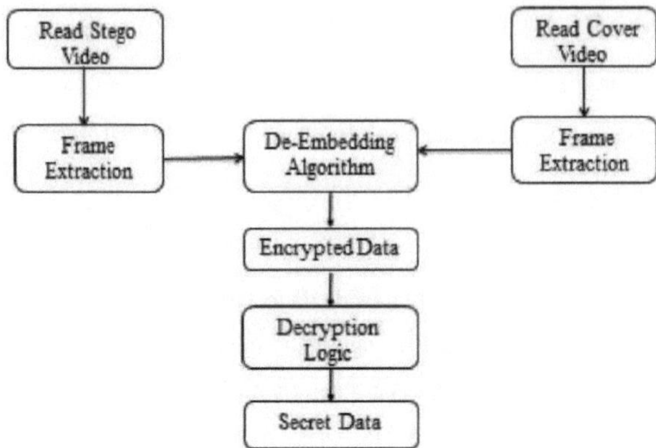

Figura 3.8 Configuração experimental da esteganálise de vídeo

Passo 1. Ler o vídeo com stego

Em primeiro lugar, o vídeo stego é lido utilizando o comando "videoreader". Depois de ler o ficheiro de vídeo, mede-se a sua resolução (largura*altura).

Passo 2. Extração de fotogramas

O vídeo stego é convertido em fotogramas e selecionado o fotograma que esconde os dados secretos. Como os dados estão escondidos nos planos RGB, é necessário separar os planos vermelho, verde e azul para trabalhar independentemente em cada plano.

Passo 3: Ler o vídeo da capa

Depois de ler o vídeo stego, o ficheiro de vídeo de cobertura é lido.

Passo 4: Extração de quadros

O vídeo de cobertura é então convertido em fotogramas, dos quais é separado o fotograma com os dados ocultos, que é posteriormente dividido em planos vermelho, verde e azul.

Etapa 5: Algoritmo de remoção de embedding

Para a destransferência, em primeiro lugar, os valores dos pixéis da moldura do stego são ExOR com os valores dos pixéis da moldura de cobertura. Em seguida, os pixéis são deslocados para a posição original utilizando a operação de deslocamento de bits e, finalmente, os três planos são fundidos num quadro utilizando o processo de concatenação.

Passo 6: Lógica de desencriptação

O resultado do processo acima descrito encontra-se sob a forma cifrada (forma negativa). Para recuperar os dados originais, a lógica de desencriptação é aplicada aos dados encriptados. Desta forma, os dados secretos são recuperados através do processo de esteganálise.

3.6 PARÂMETROS DE DESEMPENHO

Para verificar a impercetibilidade, a distorção e o ruído no quadro stego, são calculados os parâmetros de desempenho, nomeadamente o MSE, o PSNR e o fator de correlação. A expressão matemática destes parâmetros é apresentada de seguida:

> **Rácio sinal/ruído de pico (PSNR)**

Mede, em decibéis, a qualidade do vídeo com stego em comparação com a imagem de cobertura. O PSNR é utilizado para calcular as distorções presentes no vídeo com stego. A qualidade do vídeo com stego é melhor se o PSNR for elevado. O valor PSNR é calculado utilizando a equação[22] :

$$PSNR = 10 * \log_{10} (Max^2/MSE) \quad (3)$$

em que MSE é o erro quadrático médio.

> **Erro Quadrático Médio (MSE)**

É calculado efectuando uma comparação byte a byte entre a imagem de cobertura e a imagem stego. Quanto mais pequeno for o MSE, mais eficiente é a técnica de esteganografia.[22] O valor MSE é calculado utilizando a equação:

$$MSE = \frac{1}{H \times W} \sum_{i=1}^{H} \sum_{j=1}^{W} \frac{R+G+B}{3} \quad (4)$$

em que R, G e B são calculados como

$$R = (R_{X_{ij}} - R_{Y_{ij}})^2$$

$$G = (G_{X_{ij}} - G_{Y_{ij}})^2$$

$$B = (B_{X_{ij}} - B_{Y_{ij}})^2$$

R_X eR_Y - Valor do pixel da componente vermelha na imagem a cores de cobertura original e na imagem a cores de stego, respetivamente.

G_X eG_Y - Valor do pixel da componente verde na imagem a cores da capa original e na imagem a cores do stego, respetivamente

B_X eB_Y - Valor do pixel da componente azul na imagem a cores de cobertura original e na imagem a cores de stego, respetivamente.

> **Fator de correlação**

O fator de correlação é denotado por r. É a medida da combinação linear entre o vídeo de cobertura e o vídeo stego. O fator de correlação é calculado utilizando a equação[11] :

$$r = \frac{\sum_i (Xi - Xm)(Yi - Ym)}{\sqrt{\sum_i (Xi - Xm)^2}\sqrt{\sum_i (Yi - Ym)^2}} \qquad (5)$$

onde Xi - Valor do pixel da imagem original

Xm- Valor médio da imagem original

Yi- Valor do pixel da imagem encriptada

Ym- Valor médio da imagem encriptada

3.7 DISCUSSÃO

Entre as várias técnicas conhecidas para a ocultação de dados, a varredura aleatória e a MLSB foram escolhidas neste trabalho de tese devido ao seu elevado fator de segurança dos dados. Por conseguinte, foi concebida uma configuração experimental para implementar ambas as técnicas e os resultados obtidos são discutidos no capítulo seguinte.

Capítulo 4 RESULTADOS E DISCUSSÃO

4.1 VISÃO GERAL

A análise real do processo de esteganografia mostrou alguns resultados atractivos que são supostamente informativos. Foram utilizados dois vídeos diferentes para a análise, que actuam como portadores dos dados secretos. A informação secreta foi escondida nos fotogramas dos ficheiros de cobertura de vídeo utilizando a técnica de varrimento aleatório e a técnica MLSB. Estes resultados são apresentados e discutidos neste capítulo.

4.2 COMPONENTES DE ESTEGANOGRAFIA

Para efetuar a esteganografia, é necessário ler os dados de cobertura e os dados secretos. Nesta tese, foram utilizados os seguintes vídeos e imagens como dados de cobertura e secretos, respetivamente.

4.2.1 FICHEIRO MULTIMÉDIA DE COBERTURA

Neste processo, foram utilizados os vídeos visiontraffic.avi e atrium.avi, com uma resolução de 360*640, como meios de cobertura. A figura 4.1 mostra a representação pictórica dos vídeos visiontraffic.avi e atrium.avi.

Figura 4.1 Representação pictórica dos vídeos 'visiontraffic.avi' e 'atrium.avi

As várias caraterísticas, como a resolução, os fotogramas/segundo e o número total de fotogramas destes vídeos de cobertura, são apresentadas no quadro 4.1.

Quadro 4.1 Caraterísticas do vídeo de cobertura

S. Não	Informações do ficheiro de vídeo de cobertura			
	Nome do ficheiro de vídeo	**Resolução (L*A)**	**Quadros/seg.**	**N.º total de fotogramas**
1.	Visiontraffic.avi	360*640	29	531
2.	Atrium.avi	360*640	30	431

4.2. 2DADOS SECRETOS

Neste processo, seis imagens foram retiradas da base de dados MATLAB e são utilizadas como dados secretos que devem ser escondidos nos meios de cobertura. As caraterísticas destas imagens são apresentadas a seguir (ver quadro 4.2).

Tabela 4.2 Caraterísticas das imagens de dados secretos

S. Não	Informação de imagem de dados secretos		
	Nome da imagem	Tamanho	Formato
1.	Direito de estacionamento	480*640	Png
2.	Cena_direita	284*512	Png
3.	Vipstereo_halwayLeft	300*400	Png
4.	Direito de Yellowstone	480*640	Png
5.	Teste de paragem	368*653	Jpg
6.	Equipa de visão	582*800	Jpg

A figura 4.2 mostra as várias imagens utilizadas como dados secretos.

Figura 4.2 Imagem de dados secretos

4.3 RESULTADOS

As imagens de dados secretos são incorporadas no vídeo de cobertura com a ajuda de duas técnicas, nomeadamente a técnica de varrimento aleatório e a técnica LSB modificada, utilizando a plataforma MATLAB. Após a incorporação dos dados secretos no vídeo de cobertura, é gerado o vídeo stego. Os resultados obtidos para o mesmo foram apresentados na subsecção seguinte.

4.3.1 RESULTADO OBTIDO COM O MÉTODO DE VARRIMENTO ALEATÓRIO

Os vídeos de cobertura visiontraffic.avi e atrium.avi foram utilizados para a implementação da esteganografia através da técnica de varrimento aleatório. O resultado de ambos os processos de ocultação de dados é discutido de seguida:

4.3.1.1 Utilizar visiontraffic.avi como objeto de cobertura

O vídeo de cobertura visiontraffic.avi foi utilizado para esconder a imagem de dados secretos designada por 'parkinglot_right, scene_righ, vision team1, vipstereo_halwayLeft, yellowstone_right e stopsigntest'. O objeto de saída obtido após este processo é designado por objeto stego. A representação pictórica deste processo é mostrada na figura 4.3.

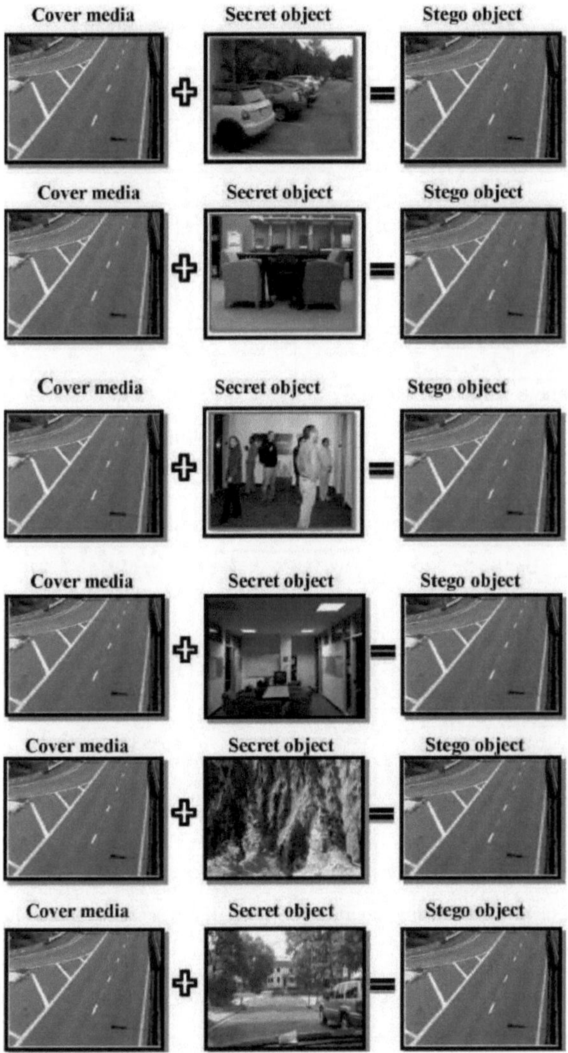

Figura 4.3 Representação pictórica da técnica Random Scan para as imagens 'parkinglot_right, scene_righ, vision team1, vipstereo_halwayLeft, yellowstone_right e stopsigntest', respetivamente, tomando visiontraffic.avi como vídeo de cobertura.

O MSE, o PSNR e o fator de correlação do processo de esteganografia acima referido utilizando a técnica de varrimento aleatório são apresentados na tabela 4.3.

Tabela 4.3 MSE, PSNR e fator de correlação da técnica de varrimento aleatório tomando visiontraffic.avi como suporte de cobertura.

Nome do vídeo ficheiro	Nome do ficheiro de imagem	Resolução (L*A)	MSE	PSNR	Fator de correlação
Visiontraffic 360*640	Direito de estacionamento	480*640	4.87	43.25	0.998
	Cena_direita	284*512	5.63	42.49	0.998
	Equipa de visão1	582*800	5.53	42.59	0.998
	Vipstereo_halwayLeft	300*400	5.28	42.85	0.998
	Direito de Yellowstone	480*640	5.17	42.95	0.998
	Teste de paragem	368*653	5.27	42.85	0.998

Os resultados experimentais mostram que o MSE varia de 4,87 a 5,63 e o PSNR varia de 42,49 a 43,25 (dB), respetivamente, para os dados secretos acima mencionados, enquanto o fator de correlação é de 0,998.

No lado do recetor, foi efectuada a esteganálise destes objectos stego e os resultados obtidos são apresentados na figura 4.4.

Figura 4.4 Resultados da esteganálise da técnica de varrimento aleatório para dados secretos, tomando visiontraffic.avi como suporte de cobertura.

Depois de efetuar a esteganografia e a esteganálise utilizando o vídeo visiontraffic.avi como suporte de cobertura, o mesmo processo é efectuado utilizando o vídeo atrium.avi como suporte de cobertura. O resultado experimental do mesmo é apresentado de seguida:

4.3.1.2 Utilizar atrium.avi como objeto de cobertura

O vídeo de cobertura atrium.avi foi utilizado para esconder as imagens de dados secretos designadas por parkinglot_right, scene_righ, vision team1, vipstereo_halwayLeft, yellowstone_right e stopsigntest'. A representação pictórica da saída utilizando o método de varrimento aleatório para várias imagens de cobertura é mostrada na figura 4.5.

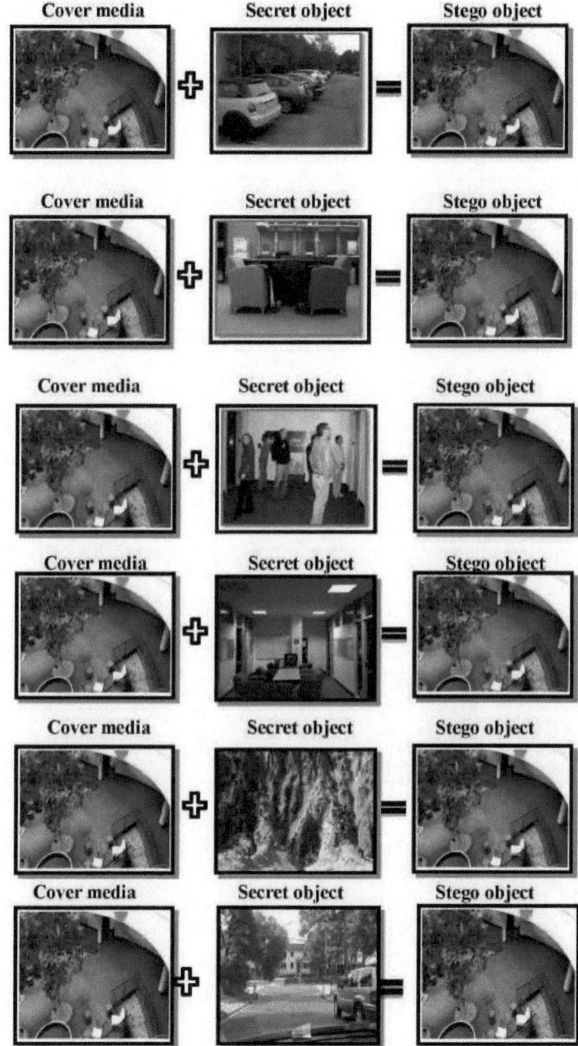

Figura 4.5 Representação pictórica da técnica de varrimento aleatório para as imagens "parkinglot_right, scene_right, vision team1, vipstereo_halwayLeft, yellowstone_right e stopsigntest", respetivamente, tomando atrium.avi como vídeo de cobertura

O MSE, o PSNR e o fator de correlação do processo de esteganografia acima referido utilizando a técnica de varrimento aleatório são apresentados na tabela 4.4

Tabela 4.4 MSE, PSNR e fator de correlação da análise aleatória tomando atrium.avi como suporte de cobertura.

Nome do ficheiro de vídeo	Nome do ficheiro de imagem	Resolução (L*A)	MSE	PSNR	Fator de correlação
Átrio 360*640	Direito de estacionamento	480*640	4.86	43.26	0.999
	Cena_direita	284*512	5.70	42.42	0.999
	Equipa de visão1	582*800	5.53	42.59	0.999
	V ipstereo_halwayLeft	300*400	5.38	42.74	0.999
	Y ellowstone_right	480*640	5.17	42.95	0.999
	Teste de paragem	368*653	5.29	42.83	0.999

Os resultados experimentais mostram que o MSE varia de 4,86 a 5,70 e o PSNR varia de 42,42 a 43,26 (dB), respetivamente, para os dados secretos acima referidos, enquanto o fator de correlação é de 0,999. Assim, os resultados da técnica de varrimento aleatório utilizando qualquer suporte de cobertura (visiontraffic.avi e atrium.avi) são aproximadamente os mesmos. Há apenas uma pequena variação no MSE, PSNR e fator de correlação.

Foi efectuada a esteganálise destes objectos stego e os resultados obtidos são apresentados na figura 4.6.

Figura 4.6 Resultados da esteganálise da técnica de varrimento aleatório para os dados secretos, tomando o ficheiro atrium.avi como suporte de cobertura.

4.3.2 RESULTADO OBTIDO PELO MÉTODO MLSB

Esta secção centra-se na utilização dos vídeos visiontraffic.avi e atrium.avi para a ocultação de dados utilizando a técnica MLSB. Os pormenores dos resultados individuais são apresentados a seguir:

4.3.2.1 Utilizar visiontraffic.avi como objeto de cobertura

O vídeo de cobertura visiontraffic.avi foi utilizado para esconder a imagem de dados secretos designada por parkinglot_right, scene_righ, vision team1, vipstereo_halwayLeft, yellowstone_right e stopsigntest' utilizando o método MLSB. A representação pictórica do resultado deste processo é mostrada na figura 4.7

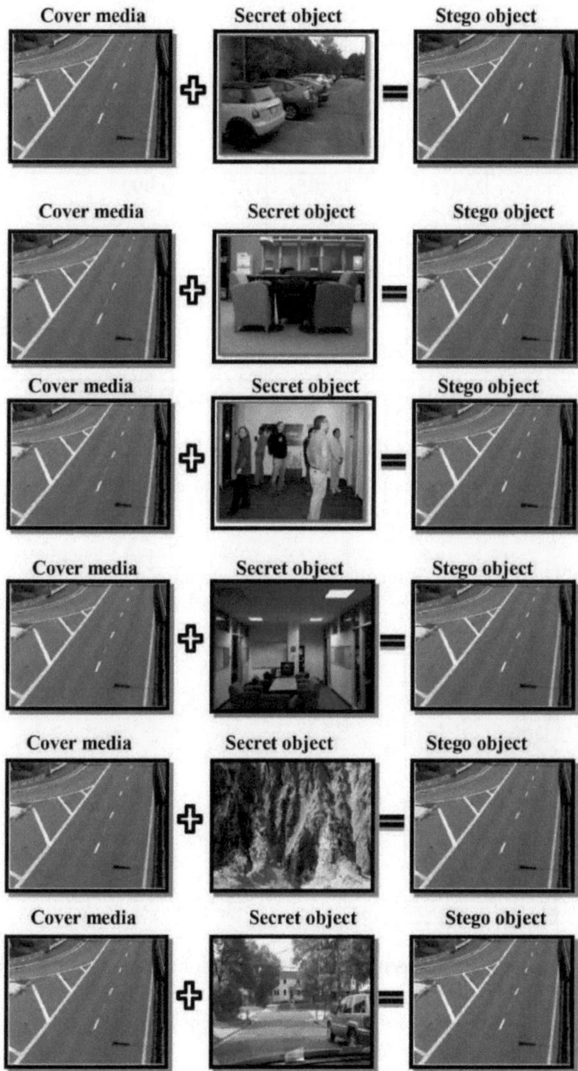

Figura 4.7 Representação pictórica da técnica MLSB para as imagens 'parkinglot_right, scene_right, vision team1, vipstereo_halwayLeft, yellowstone_right e stopsigntest', respetivamente, tomando visiontraffic.avi como vídeo de cobertura.

O MSE, o PSNR e o fator de correlação do processo de esteganografia acima descrito (figura 4.7) utilizando a técnica de varrimento aleatório são apresentados na tabela 4.5.

Tabela 4.5 MSE, PSNR e fator de correlação da técnica MLSB tomando visiontraffic.avi como suporte de cobertura

Nome do ficheiro de vídeo	**Nome do ficheiro de imagem**	**Resolução (L*A)**	**MSE**	**PSNR**	**Fator de correlação**
Visiontraffic	Direito de estacionamento	480*640	0.37	47.76	0.992
360*640	Cena_direita	284*512	0.405	47.72	0.992
	Equipa de visão1	582*800	0.383	47.74	0.992
	Vipstereo_halwayLeft	300*400	0.365	47.76	0.992
	Direito de Yellowstone	480*640	0.390	47.74	0.992
	Teste de paragem	368*653	0.437	47.69	0.992

Os resultados experimentais mostram que o MSE varia de 0,37 a 0,405 e o PSNR varia de 47,69 a 47,26 (dB), respetivamente, para os dados secretos acima mencionados, enquanto o fator de correlação é de 0,999.

Foi efectuada a esteganálise destes objectos stego e os resultados obtidos são apresentados na figura 4.8.

Figura 4.8 Resultados da análise esteganalítica da técnica MLSB para dados secretos, tomando visiontraffic.avi como suporte de cobertura

4.3.2.2 Utilizar o ficheiro atrium.avi como objeto de cobertura

O vídeo de cobertura atrium.avi foi utilizado para esconder a imagem de dados secretos designada por parkinglot_right, scene_righ, vision team1, vipstereo_halwayLeft, yellowstone_right e stopsigntest' utilizando MLSB. A representação pictórica do resultado deste processo é mostrada na figura 4.9.

Figura 4.9 Representação pictórica da técnica MLSB para as imagens "parkinglot_right , scene_righ, vision team1, vipstereo_halwayLeft, yellowstone_right e stopsigntest", respetivamente, tomando atrium.avi como vídeo de cobertura

O MSE, o PSNR e o fator de correlação do processo de esteganografia acima (figura 4.9) utilizando a técnica de varrimento aleatório são apresentados na tabela 4.6.

Tabela 4.6 MSE, PSNR e fator de correlação da técnica MLSB utilizando o ficheiro atrium.avi como suporte de cobertura

Nome do ficheiro de vídeo	Nome do ficheiro de imagem	Resolução (L*A)	MSE	PSNR	Fator de correlação
Átrio 360*640	Direito de estacionamento	480*640	0.378	47.76	0.987
	Cena_direita	284*512	.405	47.72	0.987
	Equipa de visão1	582*800	.383	47.74	0.987
	Vipstereo_halwayLeft	300*400	.365	47.76	0.987
	Gritar owstone_right	480*640	.390	47.74	0.987
	Stopsigntest	368*653	.437	47.69	0.987

Os resultados experimentais mostram que o MSE varia de 0,37 a 0,437 e o PSNR varia de 47,69 a 47,76, respetivamente, para os dados secretos acima mencionados, enquanto o fator de correlação é de 0,987.

Foi efectuada a esteganálise destes objectos stego e os resultados obtidos são apresentados na figura 4.10.

Figura 4.10 Resultados da esteganálise da técnica MLSB para os dados secretos, tomando o ficheiro atrium.avi como suporte de cobertura

4.4 DISCUSSÃO

A fim de analisar as distorções e os erros que possam ter ocorrido durante o processo de incorporação, o MSE e o PSNR são calculados para o objeto de cobertura e para o objeto stego. Dois vídeos, nomeadamente visiontraffic.avi e atrium.avi, foram utilizados como meios de cobertura e seis imagens (apresentadas na tabela 4.2) foram utilizadas como dados secretos. As tabelas 4.7 e 4.8 mostram o MSE, o PSNR e o fator de correlação utilizando as técnicas de varrimento aleatório e MLSB. O MSE é a diferença média quadrática entre os meios de cobertura acima referidos e o objeto de roubo. Quanto mais pequeno for o MSE, mais eficiente é a técnica de esteganografia. As tabelas 4.7 e 4.8 mostram que o MSE é mais elevado utilizando técnicas de varrimento aleatório do que a técnica MLSB, porque no varrimento aleatório os dados são escondidos até à posição 4-LSB, enquanto na técnica MLSB os dados são escondidos até à posição 2-LSB. Por conseguinte, a técnica MLSB é mais eficiente em comparação com a técnica de varrimento aleatório. Considerando que a PSNR mede a potência máxima possível dos suportes de cobertura e do objeto de stego. Quanto mais elevado for o PSNR, melhor será a qualidade do objeto de furto.

Tabela 4.7 Comparação entre a técnica de varrimento aleatório e a técnica MLSB em termos de MSE, PSNR e fator de correlação, tomando visiontraffic.avi como suporte de cobertura

Nome do ficheiro de vídeo	**Nome do ficheiro de imagem**	**Resolução (W*H)**	**Resultados obtidos com Pesquisa aleatória**			**Resultados obtidos com MLSB**		
			MSE	**PSNR**	**Fator de correlação**	**MSE**	**PSNR**	**Fator de correlação**
Visiontra ffiC 360*640	Direito de estacionamento	480*640	4.87	43.25	.998	.370	47.76	.992
	Cena_direita	284*512	5.63	42.49	.998	.405	47.72	.992
	Equipa de visão1	582*800	5.53	42.59	.998	.383	47.74	.992
	Vipstereo_hal wayLeft	300*400	5.28	42.85	.998	.365	47.76	.992
	Yellowstone correto	480*640	5.17	42.95	.998	.390	47.74	.992
	Teste de paragem	368*653	5.27	42.85	.998	.437	47.69	.992

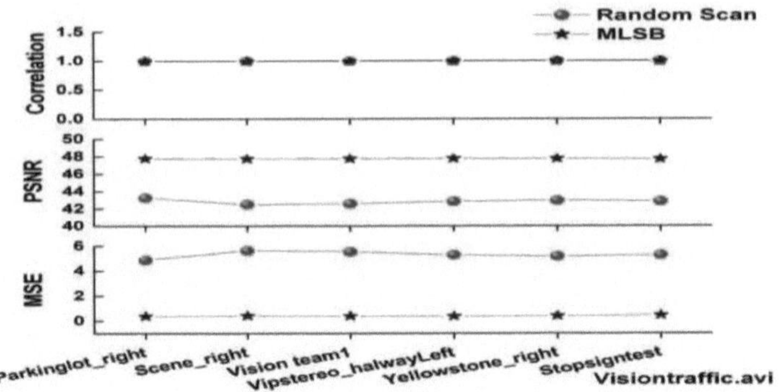

Figura 4.11 Comparação entre a técnica de varrimento aleatório e a técnica MLSB em termos de MSE, PSNR e fator de correlação, tomando visiontraffic.avi como suporte de cobertura.

Os resultados de ambas as técnicas em termos de MSE, PSNR e fator de correlação, tendo em conta o ficheiro visiontraffic.avi como suporte de cobertura, estão representados graficamente na figura 4.11.

Tabela 4.8 Comparação entre a técnica de varrimento aleatório e a técnica MLSB em termos de MSE, PSNR e fator de correlação, tendo em conta o ficheiro atrium.avi como suporte de cobertura

Nome do ficheiro de vídeo	Nome do ficheiro de imagem	Resolução (W*H)	Resultados obtidos com o Random Scan			Resultados obtidos com MLSB		
			MSE	PSNR	Fator de correlação	MSE	PSN R	Fator de correlação
Átrio 360*640	Estacionamento_direito	480*640	4.86	43.26	.999	.378	47.76	.987
	Cena_direita	284*512	5.70	42.42	.999	.405	47.72	.987
	Equipa de visão1	582*800	5.53	42.59	.999	.383	47.74	.987
	Vipstereo_halw ayLeft	300*400	5.38	42.74	.999	.365	47.76	.987
	Amarelo_rig ht	480*640	5.17	42.95	.999	.390	47.74	.987
	Stopsigntest	368*653	5.29	42.83	.999	.437	47.69	.987

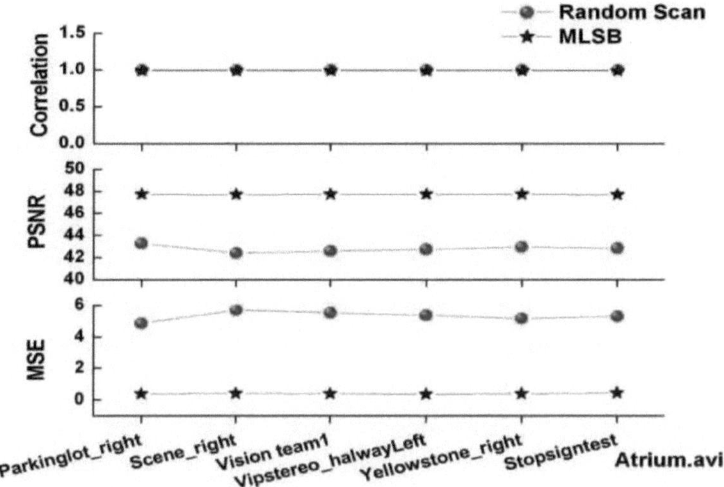

Figura 4.12 Comparação entre a técnica de varrimento aleatório e a técnica MLSB em termos de MSE, PSNR e fator de correlação, utilizando o ficheiro atrium.avi como suporte de cobertura

As figuras 4.11 e 4.12 mostram que a PSNR é elevada utilizando a técnica MLSB em comparação com a técnica de varrimento aleatório, o que mostra que a intensidade do sinal na saída da técnica MLSB é superior à da técnica de varrimento aleatório. Embora os parâmetros acima referidos mostrem que a técnica MLSB é melhor do que a técnica de varrimento aleatório, a técnica de varrimento aleatório é mais preferível do que a técnica MLSB. Porque, utilizando a técnica de varrimento aleatório, os dados podem ser escondidos em posições de bits aleatórias, o que torna difícil a sua deteção por utilizadores não autorizados e, por conseguinte, aumenta a segurança dos dados escondidos.

Capítulo 5 CONCLUSÃO

5.1 CONCLUSÃO

A técnica de esteganografia é utilizada para melhorar a segurança e a proteção dos dados de comunicação. Para aumentar a capacidade de incorporação de dados, a esteganografia de vídeo foi implementada tomando o vídeo como suporte de cobertura e a imagem como dados secretos. Nesta tese, o trabalho é feito no domínio espacial, no qual as técnicas de varrimento aleatório e MLSB são utilizadas para a ocultação de dados. Este processo proporciona dois níveis de segurança. Na fase inicial, a mensagem secreta é encriptada utilizando o método do complemento de um. Depois, no momento da incorporação, foi escolhido um quadro para a ocultação dos dados, porque o vídeo tem vários quadros. Além disso, ao utilizar a técnica de varrimento aleatório para esconder informações secretas no vídeo de cobertura, existem muitas opções para esconder os dados em várias posições. Para recuperar os dados secretos, o processo de esteganálise é aplicado no lado do recetor. Para verificar o desempenho das técnicas acima referidas, são calculados o MSE, o PSNR e o fator de correlação e os resultados da técnica de varrimento aleatório foram comparados com a técnica MLSB. Os resultados das experiências mostram que o MSE e o PSNR são melhores utilizando a técnica MLSB em comparação com a técnica de varrimento aleatório. Isto deve-se ao facto de, na técnica MLSB, apenas as duas primeiras posições LSB serem utilizadas para esconder os dados, pelo que pode haver uma alteração máxima de 4 bits durante a ocultação dos dados. Mas na técnica de varrimento aleatório, as primeiras quatro posições LSB são utilizadas aleatoriamente para esconder os dados, pelo que pode haver uma alteração de 16 bits. Considerando que o fator de correlação é melhor para a técnica de varrimento aleatório. Uma vez que o valor PSNR de 30 db é fixado como valor limite para o HVS (Human Visual System), os resultados actuais utilizando ambas as técnicas (varrimento aleatório e MLSB) possuem uma impercetibilidade excelente sem degradar o vídeo de cobertura. Mas como a segurança é muito mais importante no sistema de comunicação atual, a técnica de varrimento aleatório é mais preferível do que a MLSB.

REFERÊNCIAS

[1] A. Swathi e S.A.K Jilani, (2012), "Video Steganography by LSB Subsuition using Differernt Polynomial Equations", Intrenational Journal of Computational Engineering Research, 2(5), pp. 1620-1623.

[2] Ashish Chawla e Pranjal Shukla, (2013), "A Modified Secure Digital Image Steganography based on DWT using Matrix Rotation Method", International Journal of Computer Science and Communication, 2(2), pp. 20-25.

[3] B. Karthikeyan, S. Ramakrishnan, V. Vaithiyanathan, S. Sruti e M. Gomathy

meenakshi , (2014), "An Improved Steganographic Technique using LSB Replacement on a Scanned Path Image", 16(1), pp. 14-18.

[4] A.A.Chincholkaar e D.A. Urkude, (2012), "Design and Implementation of Image Steganography", Journal of Signal and Image Processing, 3(3), pp 111-113.

[5] Diwedi Samidha e Dipesh Agarwal, (2013), "Random Image Steganograhy in Spatial Domain", Conferência Internacional sobre Tendências Emergentes em VLSI, Sistema Incorporado, Nano Eletrónica e Sistema de Telecomunicações, pp. 1-3.

[6] Gurmeet Kaur e Aarti Kochhar, (2012), "A Steganography Implementation based on LSB & DCT", International Journal for Science and Emerging Technologies with Latest Trends, 4(1), pp. 35-41.

[7] Harish Kumar e Anuradha, (2012), "Enhanced LSB Technique for Audio Steganography", Terceira Conferência Internacional sobre Tecnologias de Computação, Comunicação e Redes, pp. 1-4.

[8] Hardikkumar V Desai, (2012), "Steganography, Cryptography Watermarking: A Comparative Study", Journal of Global Research in Computer Science, 3(12), pp.3335.

[9] Himanshu Gupta, Ritesh Kumar e Soni Changlani, (2013), "Enhanced Data Hiding Capacity using LSB-Image Steganography Method" (Capacidade de ocultação de dados melhorada utilizando o método de esteganografia LSB-imagem) International Journal of Emerging Technology and Advanced Engineering , 3 (6), pp. 212-214.

[10] Hamdy M. Kelash, Osama F. Abdel Wahab, Osama A. Elshakankiry, Hala S. El- sayed, (2014), "Utilization of Steganographic Techniques in Video Sequences", International Journal of Computing and Network Technology, 2(1), pp. 17-24.

[11] Ishant Premi e Sukhjinder Kaur, (2014), "Random Scan Algorithm for Image Steganography

in Scilab for Security Purposes", International Journal of Advance Research in Computer and Communication Engineering, 3(12), pp. 8876-8879.

[12] Jasleen Kour e Deepankar Verma, (2014), "Steganography Techniques- A Review Paper", International Journal of Emerging Research in Management Technology, 3(5), pp.132-135.

[13] Kousik Dasgupta, J.K. Mandal e Paramartha Dutta, (2012), "Hash based Least Significant Bit Technique for Video Steganography (HLSB), International Journal of Security, Privacy and Trust Management, 1(2), pp. 4634-4638.

[14] K.V.Vinod kumar e V. Lokeswara Reddy, (2013), "A Novel Data Embedding Technique for Hiding Text in Video File using Steganography", International Journal of Computer Applications, 77(17), pp. 13-18.

[15] Mritha Ramalingam, (2011), "Stego Machine- Video Steganography using Modified LSB Algorithm", World Academy of Science, Engineering and Technology, 5, pp. 425-428.

[16] Mritha Ramalingam e Nor Ashidi Mat Isa, (2014), "A Steganography Approach for Sequential Data Encoding and Decoding in Video Images", International Conference on Computer, Control, Informatics and Its Applications, pp. 120-125.

[17] Natarajan Meghanathan e Lopamudra Nayak, (2010), "Steganalysis Algorithms for Detecting the Hidden Information in Image, Audio and Video Cover Media", International Journal of Network Security & its Application , 2(1), pp. 43-55.

[18] Nguyen XuanHuy e Huynh Ba Dieu, (2014), "An Efficient Method for Hiding Data in Audio", Conferência Internacional sobre Tecnologias Avançadas para Comunicações, pp 167-171.

[19] Nematollah Zarmehi e Mohammad Ali Akhaee, (2014), "Steganalysis of Multiplicative Spread Spectrum Steganography", 22nd European Conference on Signal Processing, pp. 2440-2444.

[20] Neha Jain e Sudhir Goswami, (2015), "An Improved Steganography Technique of LSB Substitution Method", International Journal of Engineering and Computer Science, 4(1), pp. 9912-9915.

[21] Pritish Bhautmage, Amutha Jeya Kumar e Ashish Dahatonde, (2013), "Advanced Video Steganography Algorithm", International Journal of Engineering Research, 3(1), pp. 1641-1644.

[22] Rohit G. Bal e P. Ezhilarasu, (2014), "An Efficient Safe and Secured Video Steganography using Shadow Derivation", International Journal of Innovative Research in Computer and communication Engineering, 2(3), pp. 3251-3258.

[23] Shamim Ahmed Laskar e Kottamanchi Hemachandran, (2012), "High Capacity data Hiding using LSB steganography and Encryption", Internatioal Journal of Database Management System,

4(6), pp. 57-68.

[24] Steffy Jenifer, G.Yogaraj e K. Rajalakshmi, (2014), "LSB Approach for Video Steganography to Embed Images", International Journal of Computer Science and Information Technologies, 5 (1), pp. 319-322.

[25] Sk. Sameerunnisa , K. Supriya Suhasini e Shishir Kommu, 2015, "Segurança da Informação da Esteganografia de Vídeo Utilizando o Algoritmo RSA", Revista Internacional de Pesquisa Avançada em Ciência da Computação e Engenharia de Software, 5(4), pp. 282-289.

[26] Selvigrija e E. Ramya, (2015), "Dual Steganography for Hiding Video in Video", International Journal for Trends in Engineering and technology, 3(3), pp. 74-79.

[27] Vipula Madhukar Wajgade e Suresh Kumar, (2013), "Enhancing Data Security using Video Steganography", International Journal of Emerging Technology and Advanced Engineering, 3(4), pp. 549-552.

[28] Wang H. wang, (2004), "Cyber Warfare; Steganography Vs. Steganalysis", Communication of ACM Voting System, 47(10), pp. 76-82.

[29] Wafaa Hasan Alwan, (2013), "Dynamic Least Significant Bit technique for Video Steganography", Journal of Kerbala university, 11(4), pp. 7-16.

Printed by Books on Demand GmbH, Norderstedt / Germany